KB247513

긍정의 에너지
인성으로
소통하라

뚜기는 원래 함경남도 방언으로 '어리숙하고 바보같은 사람'을 뜻한다. 현실은 겉 지식과 기술 위주의 경쟁교육에 치우쳐 '사람다움의 가치'가 상실되고 있다. '뚜기'는 시류에 영합하지 않아 바보처럼 보이나 혜안을 가지고 미래를 묵묵히 준비하는 큰사람을 상징한다.

십대가 갖춰야 할 창의인성 15가지
긍정의 에너지, 인성으로 소통하라

초판1쇄 인쇄_ 2012년 5월 23일
　　　1쇄 발행_ 2012년 6월　1일

지은이_ 송태인 · 백종환
펴낸이_ 김영선
기획 · 교정 · 교열_ 이교숙
펴낸곳_ (주)다빈치하우스
디자인_ 손소정

주소_ 서울시 마포구 합정동 362-5 조현빌딩 2층(우 121-884)
대표전화_ 02)323-7234
팩시밀리_ 02)323-0253
홈페이지_ www.mfbook.co.kr
이메일_ urimodus@naver.com
출판등록번호_ 제 2-2767호

값 14,000원
ISBN 978-89-91907-43-0 (43370)

* 이 책은 (주)다빈치하우스와 저작권자와의 계약에 따라 발행한 것이므로
　본사의 허락 없이는 어떠한 형태나 수단으로도 이 책의 내용을 사용하지 못합니다.
* 미디어숲은 (주)다빈치하우스의 출판브랜드입니다.
* 잘못된 책은 바꾸어 드립니다.

이 도서의 국립중앙도서관 출판시도서목록(CIP)은 e-CIP 홈페이지(http://www.nl.go.kr/ecip)와
국가자료공동목록시스템(http://www.nl.go.kr/kolisnet)에서
이용하실 수 있습니다.(CIP제어번호: CIP2012002216)

십대가 갖춰야 할 창의인성 15가지

긍정의 에너지 인성으로 소통하라

송태인·백종환 공저

미디어숲

인성의 시대, 교육의 패러다임을 바꿔라

"배우고 때에 맞게 익히면 즐겁지 않겠는가?"

『논어』 첫머리에 나오는 말이다. 공자는 '사람이 사람답게 사는 길은 부족함을 알고 그 부족한 부분을 하나하나 채워나가는 것'이라고 한다. 그래서 배운 것을 그때그때 상황에 맞추어 적용할 수 있으면 즐겁고 행복해진다. 이것은 자기 성장을 의미하기 때문이다.

결국 공자가 생각하는 학문은 더 나아지는 삶을 위한 자기혁신 활동이다.

삶의 향상이라는 관점에서 보면 학문에 대한 외형적 정의는 예나 지금이나 크게 다르지 않다. 그런데 그 속을 들여다보면 많은 차이가 난다. 그것은 시대마다 '더 나아지는 삶'에 대한 가치기준이 다르기 때문이다.

오늘날 '더 나아지는 삶'이란 무엇일까? 대개는 타인의 시선에 무게를 둔 눈에 보이는 가치를 서열화하여 상대적으로 더 위에 있는 가치를 획득하는 것을 의미한다. 따라서 현실의 학문은 눈에 보이는 세계에 대한 지식과 기술을 익히는 데 초점을 두고 있다고 할 수 있다.

눈에 보이는 세계는 자주 바뀐다. 수명이 짧다는 이야기다. 기존의 지식과 기술은 새 이름을 달고 등장하지만 곧 사라진다. 손쉽게 복사가 가능한 지식과 기술이기 때문이다. 그러니 현대인들은 쏟아지는 겉 지식과 정보를 배우기〔學〕에도 벅차 눈에 보이지 않는 내 안의 가치를 익힐〔習〕 시간적 여유가 없다.

청소년들은 눈덩어리처럼 불어난 지식과 기술을 배우기에 급급하여 기본적인 자기생활의 관리조차 힘겨워한다. 학문은 할수록 즐겁기는커녕 왜 공부를 해야 하는지 회의를 느끼게 된다. 이것이 꼬리에 꼬리를 물고 벌어지고 있는 우리 교육의 악순환 구조이다. 악순환의 고리를 끊기 위해서는 맥을 잘 잡아야 한다. 난세일수록 문제를 어설프게 건드리면 더 큰 화근이 될 뿐이다.

학문과 교육의 맥을 잡는 기준은 각자의 이해적 관점에서 벗어나 인류의 역사적 관점이어야 한다. 특히 학문은 역사 앞에 당당해야 할 진리를 탐구하는 것이 소명이기 때문이다. 근현대교육은 '눈에 보이는 지식과 기술'이 학문의 중심이었다. 그 결과 과학문명에 대한 발전은 눈에 띄는 성과를 이루었으나, '눈에 보이지 않는 인간다움의 가치'는 현저하게 쇠락하고 있다.

최근 우리 사회에서 화두가 되고 있는 '인성교육'은 이러한 큰 맥락에서 들여다보아야 한다. 인성교육이라고 해서 예의범절 따위의 지엽적인 측면을 논의하는 것은 한계가 있다. 지금의 교육문제는 글로벌 환경에 대응할 수 있는 생존적인 차원에서 고민을 해야 할 필요가 있다. 기존교육의 틀이 가지고 있는 구조적인 모순을 그대로 둔 채 제도와 사람을 바꾼다고 해서 해결될 문제가 아니다.

글로벌시대에는 글로벌 교육을 해야 한다. 지금 지구촌 곳곳에서는 글로벌교육에 대한 새로운 교육모형을 찾고 있다. 과거 500년 동안 학문의 자리를 지켜온 '눈에 보이는 영역의 학문'이 지닌 한계를 극복하고 진리의 배턴을 이어갈 새로운 학문을 학수고대하고 있는 것이다.

글로벌교육의 출발은 '사람다움'에서 찾아야 한다. 사람다움은 '눈에 보이는 세계'와 '눈에 보이지 않는 세계', 즉 '안'과 '밖'이 균형을 유지한 상태를 말한다. 교통과 통신의 발달로 밖으로 드러난 지식과 기술은 실시간으로 공개된다. 소셜네트워크 시대로 접어들수록 지식과 기술의 습득 자체만으로는 능력으로 인정받지 못한다. 공유된 다른 사람의 이야기는 더 이상 흥미를 유발시키지 못하기 때문이다. 과학기술이 고도로 발달한 사회일수록 사람의 향기를 갖춘 인재가 더 큰 능력자로 각광받을 것이다.

따라서 미래교육은 기존의 학문에서 등한했던 '눈에 보이지 않는 인간다움의 가치'를 되살려야 한다. 인문학이든, 사회과학이든, 자연과학이든, 예술이든 모든 학문은 '인간다움의 가치'에서 새 출발해야 한다. 이것이 인성교육 패러다임이다.

이 책은 이와 같은 문제의식을 바탕으로 글로벌 시대가 요구하는 '미래형 인성교육모델'을 제시한다. 제1장에서는 모호한 '인성' 개념을 동심同心으로 정의하고, 인성의 회복이 글로벌 시대 경쟁력으로 어떤 자리매김을 할 수 있는지 일상생활의 사례를 통해 소개한다.

제2장에서는 필자가 수년간의 연구와 다양한 검증을 거친 5단계 인

성수련법을 공개한다. 특히 기존교육에서 등한했던 '눈에 보이지 않는 세계'를 살릴 수 있는 구체적인 방법을 5단계로 체계화하였다.

1단계는 견見이다. 자기본성을 관찰하는 단계다. 현대인들은 과학문명의 발달로 인하여 감각이 둔화되고 있다. 감각의 둔화는 살피는 능력의 저하를 초래한다. 따라서 자신을 둘러싼 안과 밖을 살피는 훈련을 통하여 감각을 키우는 공부다. 2단계는 학學이다. 자기본성을 깨달아가는 단계다. 3단계는 습習이다. 깨달은 본성을 스스로 익히는 단계다. 4단계는 통通이다. 익힌 것을 세상과 소통하는 단계다. 마지막으로 5단계는 성誠이다. 자기본성을 이루는 단계다. 1단계부터 4단계까지의 과정에서 배우고 익힌 것을 삶에 그대로 실현하는 공부를 완성해가는 마무리 단계다.

제3장에서는 글로벌 시대 한국인이 꼭 갖추어야 할 핵심역량 가치 15가지를 소개하고, 그것을 5단계 인성수련법으로 기르는 방법을 안내한다. 특히 날로 강화되고 있는 인성평가의 이해를 돕고자 '인성역량', '창의역량', '소통역량'으로 세분화하여 실었다. 즉, 인성역량은 '성실, 인내, 성찰, 정직, 여유'의 가치를, 창의역량은 '개성, 도전, 관찰, 몰입, 상통'의 가치를, 소통역량은 '협력, 정의, 나눔, 예의, 포용'의 가치를 평가지표로 활용할 수 있도록 다루었다.

교육은 시대변화 흐름에 예민하게 반응하고 발 빠르게 대응해야 한다. 물건은 버리고 다시 구입해서 쓸 수 있지만, 교육은 한 번 방향을 잘 못 잡으면 평생을 낭비하는 길을 가기 때문이다. 그래서 예로부터 교육은 백년대계라고 하지 않았는가?

　지금 대한민국은 글로벌 시대를 맞이하여 새로운 도약의 기회를 맞고 있다. 그 핵심의 키는 당연히 '인성교육' 이다. 5천년을 면면히 이어온 '홍익인간' 의 인성교육 이념을 다시 살려, 지구촌이 찾고 있는 미래형교육을 이 땅에서 먼저 꽃피우고, 나아가서는 세계가 함께 공유하는 교육의 한류를 꿈꾸어 본다.

　끝으로 '인성' 을 눈뜨게 해준 아버지, '소통' 을 삶으로 보여준 어머니, 인성으로 소통하고자 노력해준 아내와 아들, 딸 그리고 인성소통의 세상을 함께 만들어 보자고 덤벼준 이 훈, 백종환, 서임숙, 공보길, 조민자 교수와 협회회원님들, 인성소통을 몸소 실천하고 응원해주신 김영선 출판사 사장님과 이교숙 편집장님께 고개 숙여 감사드린다.

한국인성소통협회 회장　송태인

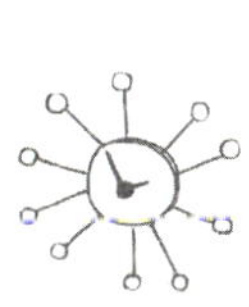

제1장 / 인성이란 무엇인가

1. 인성교육은 시대의 흐름이다

2. 인성은 동심同心이다

3. 인성인재가 세상을 바꾼다

제2장 / 똑똑해지는 '뚜기' 인성수련법

제3장 / 글로벌 시대 꼭 갖추어야 할 핵심 역량가치 15가지

1. 인성역량

2. 창의역량

3. 소통역량

CHAPTER 1

인성이란 무엇인가

01 | 인성교육은 시대의 흐름이다

●●사람은 마음으로 통한다

"신의 부족인 우리 참사람 부족은 곧 지구를 떠날 것입니다. 당신은 우리가 떠난다는 사실을 당신과 같은 문명인들에게 전해 줄 메신저로 선택되었습니다. 어머니와 같은 이 대지를 당신들에게 맡기고 우린 떠날 것입니다. 아무쪼록 당신들의 삶의 방식이 물과 동물과 공기, 그리고 당신들 자신에게 어떤 영향을 주고 있는지 깨닫기를 바랍니다. 이 세계를 파괴하지 않고 당신들 문제에 대한 해결책을 찾아내기 바랍니다. 물론 문명인들 중에는 자신의 참된 자아를 이제 막 되찾으려고 하는 이들도 있습니다. 충분히 관심을 기울인다면 지구의 파괴를 돌이킬 시간은 남아 있습니다. 하지만 우리는 더 이상 당신들을 도울 수가 없습니다."

『무탄트 메시지』 말로 모건

호주 원주민 '참사람 부족' 이 문명인들에게 전하는 애정 어린 메시지다. 참사람 부족은 문명인들을 안타깝게 여긴다. 문명인들은 자기 자신을 스스로 파괴하는 삶의 양식을 가지고 살아간다고 판단하기 때문이다. 그들의 눈에 비친 문명인들은 신에 대한 경외심도, 자연에 대한 고마움도, 인간이 살아야 하는 이유도 모른 채, 그저 경쟁과 욕심에 사로잡혀 하루하루 불안하게 살고 있다고 생각한다. 그것은 인간의 본래 모습을 망각한 괴이한 삶인 것이다. 원주민과 분명인늘의 삶의 토대가 다르고 세계관과 가치관이 다르다는 것을 감안하더라도 참사람 부족이 주는 메시지는 충분히 일리 있는 이야기다. 지금 인류는 행복의 방향키를 잃어버린 상태이기 때문이다.

요즘 인문학에 대한 관심이 높다. 그것은 자기 행복에 대한 방향을 찾는 것과 관련이 있다. 인문학은 '나는 어디에서 와서 어떻게 살다가 어디로 갈 것인지' 스스로 묻고 답하는 자기를 성찰하는 공부영역이다. 인문학의 부활은 다른 관점에서 보면 기존 틀에 대한 불신이기도 하다. 그 불신의 스펙트럼은 다양하다. 크게는 근대 이후에 싹터 20세기에 꽃피운 과학문명에 대한 불신부터 작게는 가까운 사람에 대한 불신까지, 생각보다 넓고 조밀하게 퍼져 있다. 아마도 21세기는 그 불신의 씨앗을 찾아 제거하고 신뢰의 고리를 만들어가는 개인이나 집단이 슈퍼리더가 될 것이다.

대개 역사, 문학, 철학, 예술, 종교 등을 인문학의 영역으로 삼는다. 이들은 각기 다양한 도구와 방법으로 인간을 탐색하지만 결국은 인간의 본성 즉, 사람답게 사는 길을 찾는 데 그 목적이 있다. 개인주의의 팽배로 가치가 파편화된 상황에서 사람다움의 기준을 합의하기란 여간 어려운 일이 아니다. 아니 불가능한 것처럼 보인다. 그러나 궁하면 통한다는 말이 있듯이 이기적 가치구조가 극도에 이르러 일상생활에 지장을 줄 정도가 되면 사람들은 새로운 길을 모색하는 데 마음을 열

것이다. 물론 현명한 방법은 최악의 상황을 경험하는 것이 아니라, 미리 감지하여 그 위험한 길에서 벗어나는 것이다.

사람답게 사는 것은 생각보다 어렵지 않다. 왜냐하면 그것은 밖에 있는 것이 아니라 내 안에 있기 때문이다. 그동안 우리는 인간답게 사는 길을 밖에서 찾았기 때문에 찾지도 못했을뿐더러, 그 길은 없다고 판단해 버리는 경우가 많았다.

가령 자본주의 사회에서 돈은 사람답게 사는 중요한 요소이다. 이때 사람다움의 기준을 밖에서 찾는 사람들은 다른 사람들이 들여다보고 있는 돈의 액수에 생각이 멈춘다. 반면에 내 안에서 찾는 사람들은 그 돈이 어떤 경위를 거쳐서 내 손에 들어왔는지, 그 돈을 어떻게 상황에 맞게 적절하게 사용할 것인지가 주요 관심사이다. 얼핏 보면 사람들은 그 사람의 겉으로 드러난 돈의 액수를 보고 사람다움을 판단하는 것처럼 생각하기 쉽다. 그런데 실제는 그 사람의 마음씨까지 들여다보고 판단한다. 그런데 대개는 물질주의 가치관에 의식화되고 익숙해져 마음씨가 인간다움의 판단이 된다는 사실을 부정하려 애쓴다.

사람은 사람이다. 사람은 마음으로 통한다. 사람은 마음이 맑은 사람들과 어울리고 싶어 한다. 마음에 욕심이 가득한 사람과는 거리를 두고 싶어 한다. 사람다움이란, 다름 아닌 맑은 마음으로 모든 것을 대하는 것이다. 이것이 사람의 본래 모습이다. 호주 원주민 '참사람 부족'은 그 맑은 마음을 정치이념으로, 경제철학으로, 사회제도로, 교육으로 실천해온 사람들이다. 그들은 인류의 마라톤에서 볼 때 과학문명의 짧은 역사 속에서는 사라지지만 사람다움의 가치를 추구해온 인

문학의 역사에서는 인간에게 영원한 희망의 배턴을 넘겨준 영웅으로
남을 것이다.

"엄마, 사랑해! 아빠, 사랑해요!"
사랑한다는 표현을 직접 말로 하기에는 왜 그런지 참 쑥스럽습니다.
제 생일날, 어느새 노안으로 눈도 침침해진 엄마가 "예쁜 딸, 사랑해! 미역
국은 먹었고?"라는 생일축하 문자 메시지를 보내주셨어요. 간단하지만 많은
것이 담겨 있는 내가 받은 엄마의 첫 문자메시지였습니다.
순간, 왈칵 쏟아진 눈물.
저는 지금도 그 문자메시지를 보관하고 있습니다. 영원히 간직하고 싶어요.
그리고 오늘은 쑥스럽지만 엄마, 아빠를 많이 사랑한다는 말을 꼭 해보려고
합니다.

내가 있어서 세상도 존재하는 것!
"저를 낳아주셔서 정말 감사드리고 사랑합니다."

엄마는 약한 몸으로 41살에 저를 임신해서 주위에서 다 포기하라고 했지만, 꿋꿋한 결심으로 저를 낳으셨다고 합니다.

초등학교 4학년 때, 다리 밑에서 주워 왔다는 말을 진심으로 믿고 보따리를 싸서 집을 나갔던 적도 있는 말썽꾸러기 아들을 엄마는 늘 사랑으로 보듬어 주셨지요.

엄마가 저를 깊이 사랑한다는 것과, 영원한 내편이라는 것을 새삼 깨닫습니다.

늘 천방지축, 동네에서 장난꾸러기 대장이었던 나. 뱀에 물리고, 벌에 쏘이고, 발가락도 부러뜨리고 끊이지 않는 사고뭉치. 그런 저를 어머니는 "키가 제일 크니 커서도 큰일 할 거야!"라고 긍정으로 키워주셨습니다. 그 덕분으로 저는 남들에게 폐 끼치지 않고 어엿하게 한 가정을 꾸려가는 든든한 가장이 될 수 있었습니다.

마음속 깊이 당신을 묻고 산 지 어언 13년이 되어가네요. 화창한 봄날에 아이들 데리고 한번 뵈러 가겠습니다.

●●고통은 생명을 건강하게 살리라는 음성이다

감기는 사람을 귀찮게 한다. 머리 아프고, 콧물 나오고, 목은 따끔거리고, 가래와 기침까지, 몸의 일차적 감각을 전방위적으로 자극시킨다. 거기다 몸살까지 겹치면 온몸은 쑤시고 나른해지며 만사가 귀찮고 식욕마저 잃게 된다. 감기몸살에 들게 되면 일상의 리듬이 깨지는 것은 물론이고, 평소의 품위를 유지하기도 힘들다. 답답하다. 그래서 대개는 병원에 달려가 의사 처방에 따라 약을 복용하고 고통으로부터 한시바삐 벗어나려고 노력한다.

감기몸살은 몸의 이상신호를 전달하여 몸을 살리라는 생명체간 대화이다. 그래서 한자로 감기感氣는 '몸의 기운(氣)을 느끼(感)는 것'이라

18

고 표현한다. 평소에는 코로 숨을 쉬며 의식하지 않고 자연스럽게 호흡을 한다. 그런데 감기에 걸리면 코가 막히거나 끈적끈적한 콧물로 호흡에 불편함을 느끼게 된다. 즉 기氣가 막혀 고통으로 다가온다. 왜 기氣를 통해서 고통을 주는 걸까? 신호를 주어야 몸은 막혀 있는 부분에 관심을 갖기 때문이다. 고통이 없다면 몸의 주인은 이상 부분에 관심을 두지 않을 것이고, 그러다 보면 몸속의 병은 더욱더 커지게 될 것이다. 고통은 생명을 건강하게 살리라는 음성이다.

몸의 막힌 소리를 잘 듣는 사람은 일차적으로 건강한 사람이다. 막힘은 만병의 근원이기 때문이다. 반대로 몸의 비정상적인 소리에 귀 기울이지 않는 사람은 몸을 방치하는 사람이다. 몸의 소리를 잘 듣기 위해서는 몸의 바른 소리를 명확하게 기억하고, 그 기억에 예민해야 한다. 그래야 바르지 못한 소리가 들리면 즉각 반응해서 적절하게 조치할 수 있다.

병은 정상적인 몸에서 보면 궤도이탈의 상태이다. 그렇다면 처방과 치료란 정상적인 상태로 되돌리는 작업이다. 즉 막힌 부분을 뚫어 몸이 불편함을 느끼지 못하도록 처음 상태로 복귀시키는 것이다. 이런 작업이 원만하게 진행되려면, 몸의 정상적인 기준을 명확하게 제시하는 의사가 있어야 한다.

그리고 환자는 의사를 전폭적으로 신뢰하고 자기 몸의 막힌 증상들을 하나도 빠짐없이 의사에게 전달해야 한다. 이것이 소통이다. 소통이 되면 뻥 뚫린다. 막혀 있던 코, 따끔거렸던 목, 지끈거렸던 머리, 거치적거렸던 가래 모두가 제거되어 평상시 몸의 상태로 돌아온다.

어디 몸만 감기에 걸리겠는가. 우리 사회는 지금 독감에 걸려 있다. 예민하게 들여다보면 사방팔방이 꽉 막혀 있다. 정치, 외교, 경제, 사회, 교육 등 어느 곳도 뻥 뚫린 소통의 기운은 보이지 않는다. 온통 안개가 끼어 있어 더욱 답답하다. 감기도 오래 지나 만성이 되면 견딜만하다. 그 환경에 몸이 적응하기 때문이다.

그와 마찬가지로 우리 사회에 대한 병리현상도 초기에는 예민하게 느끼지만 시간이 지나면서 점점 불편을 피하거나 감수하면서 둔감해진다. 그 결과는 뻔하다. 병을 키워 더 큰 병을 만들고 있는 것이다. 지금 역사는 우리 모두에게 막힌 소리를 예민하게 들어야 할 때라고 전한다. 그때를 놓치면 후회할 거라고.

소통이 가장 잘 되지 않는 곳(사람)은?

부부

부부는 가장 친밀한 관계이지만 이 친밀힘이 '사랑'이라는 것으로 잘못 포장되어 가장 소통이 안 되는 관계로 발전할 수 있다. 자기중심적인 사고로 상대방의 입장에 대해 역지사지 하지 못하고 이해가 부족하며, 부부간의 대화에서는 의견 충돌이 생기고 합의점 도출에 어려움이 나타난다.

부모와 자식

자식은 내 피와 살의 근원이며, 누구보다 많은 시간과 세월을 함께 보내지만 성장하면서 자기만의 세계가 생깁니다. 그것을 부모는 인정하려 하지 않고, 그런 부모를 자식은 섭섭해합니다. 부모는 자식을 사랑한다 하지만 사실은 자식 안에 보이는 또 다른 '나'를 사랑할 뿐입니다.

• 아들이 5년 동안 다니던 영어 학원을 갑자기 그만두고 싶다며 다른 영어 학원을 알아봐 달라고 했습니다. 저는 '갑자기'라고 생각했는데 아들은 '갑자기'가 아니라 '오랜 전부터' 이야기를 했지만, 아빠가 얘기를 귀담아 듣지 않았다는 것입니다. 이번 일 말고도 평소 제가 아이들의 이야기를 건성으로 듣지는 않았는지 다시 한 번 떠올려봅니다.

직장상사

• 업무 회의 시 직선적인 문제 제시보다 그럴듯한 포장으로 현실을 왜곡한다. 그래서 직원들의 마음을 전달하는 데 어려움이 있다.

• 업무적으로 규정만을 중시한다. 자신과의 의견이 다를 경우, 여유가 없으니 분쟁이 생긴다.

• 자기주장만 옳고 아랫사람들의 이야기는 들으려고 하지 않는 상사는 소통이 안 된다.

친구

친한 친구라고 생각했는데 자기 욕심으로 이기적인 모습을 보이거나, 내 얘기는 무시하고 잘난 척할 때가 있다. 친구의 잘못된 점을 말해주면 자기 혼자 삐져서 말을 하지 않는다. 이런 친구는 소통이 잘 되지 않는다.

●● 화려한 물질문명 뒤에는 빈곤한 정신세계가 숨겨져 있다

 가끔 어린 시절을 기억하면 새 맛이 난다. 나는 약 60여 가구가 옹기종기 모여 사는 전형적인 농촌마을에서 성장했다. 우리 동네는 초등학교 3학년 때쯤 전기가 들어왔다. 그리고 4학년 때 텔레비전이 처음 생겼다. 수동식 전화기는 비상연락을 목적으로 각 마을당 한 대씩 설치한 게 6학년 때쯤으로 기억된다. 자가용은 언제 누구네 집이 가장 먼저 구입했는지 정확한 기억이 없다. 그것은 아마 중고등학교를 마치고 서울로 유학을 떠나온 후에도 한참이 지나서야 생긴 일이기 때문일 것이다.

 낯선 문명도구들이 하나씩 들어올 때마다 가슴 설레는 일이었다. 특히 그 당시 텔레비전의 등장은 남녀노소 할 것 없이 생활의 패턴을 바꾸는 큰 사건이었다. 우리 마을에 처음으로 텔레비전을 들여온 집은 서울에서 터를 잡고 살던 아들이 시골로 내려오게 되었는데 그때 가져온 것이다. 어쨌든 그 귀한 녀석은 우리 마을을 발칵 뒤집어놓았다. 모든 마을 사람들의 일정 기준은 텔레비전 시청시간으로 바뀌었다. 아이들은 텔레비전을 보러가기 위해서 시간에 맞추어 자기가 해야 할 일들을 척척 해냈다. 그때 아이들에게 최고의 벌은 텔레비전을 보지 못하도록 금지명령을 내리는 것이었다. 어른들 역시 일을 빨리 마치고 좋은 자리에서 시청하기 위해 보이지 않는 신경전을 벌였다. 어른 아이 할 것 없이 삼삼오오 모이면 온통 텔레비전 이야기였다. 어제 보았던 프로그램을 슬로우 비디오 보듯이 곱씹어보기도 하고, 아쉬워하며 다음날은 무슨 프로그램에서 무엇을 할 것이라는 예고까지 함께

공유했다. 그리고 누구네 집은 서울에 사는 아들이 언제쯤 텔레비전
을 사줄 계획이 있다고 자랑이라도 하면 주위 사람들은 모두 부러워
했다. 그때 생각으로 서울은 신문명의 발상지요, 농경의 대상이었다.

  그로부터 얼추 40년이 흐른 지금 시골은 어떻게 변화되었는가. 20여
채 남짓의 가구는 세월의 무게를 느끼며 근근이 하루하루를 힘겹게 버
티고 있는 초라한 모습으로 변했다. 동네 젊은 사람들은 대부분 도시
로 떠나고 지금은 노인 세대들이 마을을 지키고 있다. 다행히 요즘은
귀농청년이 조금씩 늘어나고 있다는 반가운 뉴스를 간혹 접하고 있다.

  예나 지금이나 문명의 이기는 사람을 홀리는 그 무엇이 있다. 인간은
새것을 추구하는 본성이 있기 때문이다. 그 새것의 변화를 잘 살펴서
시의적절하게 물리를 잘 다루는 집단이 그 시대의 문명을 이끈다. 그
러나 문명의 리더는 항상 선하거나 영원히 지속되지는 않는다. 아이
러니하게도 꽃핀 문명의 속성은 인간의 정신을 나약하게 만들기 때문
이다. 그래서 문명의 리더는 돌고 또 돈다.

  인류는 21세기 새 문명을 이끌어나갈 글로벌리더를 찾고 있다. 기존
문명코드에 길들여진 리더에게는 새로운 변화의 감각을 기대할 수 없
기 때문이다. 정도의 차이가 있을 뿐 지금 지구촌 곳곳에서 리더십의
부재를 부르짖고 있는 것이 이를 증명한다. 결론부터 말하면 새로운
문명을 이끄는 지도자는 '인성', '창의', '소통'의 능력을 갖추어야
한다. 이 세 가지 역량은 문명 출발의 정신이 담겨있기 때문이다.

  화려한 물질문명 뒤에는 빈곤한 정신세계가 숨겨져 있다. 물질은 인
간의 욕심을 불러일으켜 시간이 흐를수록 필요 이상의 에너지를 눈에

보이는 결과에 쏟게 한다. 그렇게 되면 자연히 경쟁은 시작되고 경쟁이 치열할수록 물질을 확보하기 위해서는 수단과 방법을 가리지 않는다. 이쯤 되면 서서히 정신이 혼미해져 동물근성이 드러나기 시작한다. 전략과 전술이 일상의 대화가 되며, 상생이라는 말은 사용하지만 서로가 서로를 물리적 도구로 이용한다. 없는 시간을 쪼개어 크고 작은 모임들을 결성해보지만, 결국 서로의 이해관계로 흘러서 정작 마음을 터놓고 이야기할 사람은 없어진다. 갈수록 궁지에 몰린 쥐처럼 불안하고 초초하며 의심과 의심이 충돌하면서 마음은 차가워진다. 기진맥진 탈진상태가 되어 모든 것이 귀찮아진다. 이것이 빈곤한 정신세계의 실체이다.

지금 지구촌은 빈곤한 정신세계에서 벗어나려 몸부림치고 있다. 그 돌파구는 결국 인간본성을 되찾는 길밖에 없다. 다시 인간다움으로 되돌아가자는 것이다. 이것이 새 문명의 '인성지도자'가 필요한 이유이다.

저의 꿈은 '광고전문가'입니다. 그래서 광고에 대해 관심도 많고 좋아합니다. 어느 날 학교 자습시간에 친구가 『광고 천재 이제석』이라는 책을 읽고 있어서 같이 읽게 되었습니다. 그의 광고는 독특하기도 하였지만 사람의 마음을 움직이게 하는 멋진 광고들이었습니다. 이후, 저는 신문이나 TV 광고에서 그가 기획한 광고가 나올 때면 가슴이 뛰는 것을 느낍니다.

방송공모전을 준비하느라 인터넷을 뒤적거리다 우연히 어떤 뮤직비디오를 보게 되었는데 깜짝 놀라고 말았다. 뮤직비디오의 영상촬영과 편집기술이 매우 뛰어났던 것이다. 나는 '조금만 생각해도 알 수 있는 걸 왜 난 몰랐을까?' 하면서 그대로 따라 해보려고 연습도 해보고, 학교 방송제에서 연습한 기술을 나름대로 선보이기도 했다. 상황에 따라 카메라 위치를 어떻게 세워야 하는지…… 깨달은 것이 무척 많았다.

좋아하는 과목이나 정보를 배운 후, 내가 알게 된 지식들을 다른 사람들에게 가르쳐줄 때 가슴이 뛰는 것을 느낀다. 내가 좋아하고 잘하는 사회, 국어 과목에 대해 친구들이 물어볼 때 가르쳐주면 친구들이 잘 이해되었다고 할 때 뿌듯함을 느낀다. 또 뮤지엄 교육 연구소에서 보조교사로 일하면서 초등학생, 중학생들을 가르치고 돕는 일이 내 가슴을 뛰게 만든다. 그래서 내 꿈은 멋진 교사가 되는 것이다.

●● 당신은 중심을 잡기 위해 오늘 무엇을 준비하고 있는가?

군 생활시절, 바로 위 고참병이 무척 싫었다. 나보다 3개월 먼저 들어왔는데 그 고참병은 이등병일 때와 병장 때의 모습이 너무나 달랐다. 최고 고참병들이 모두 전역을 하고부터 그 고참병은 동물적인 본색을 드러내기 시작했다. 식사배달은 물론이고 발 닦아주기, 수건 가져다주기 어디 그뿐인가 심심하다 싶으면 부대원들을 모아놓고 잔소리와 얼차려를 밥 먹듯이 시켰다.

어느 날, 조용히 단둘이 있을 시간이 생겼을 때 고참병에게 왜 그렇게 사병들을 못살게 구느냐고 물어보았다. 그랬더니 본인도 고참병들에게 많이 당했기 때문에 이제부터 본전을 뽑아야 한다는 것과, 졸병 때는 빡세게 돌려야 딴 생각을 하지 않는다는 나름의 철학이 있다는 것이다. 그리고 그런 행위들이 재미있다는 이유였다. 나는 군대는 특수사회라지만 그래도 사병들을 불필요하게 괴롭히는 것은 그만두어야 하지 않느냐고 건의했지만 전역할 때까지 크게 달라지지는 않았다.

악역을 해준 그 고참병 덕분인지 나는 후임병들에게 좋은 고참으로 무사히 전역을 할 수 있었다.

우리는 모두 특수사회에서 살아가고 있다. 가정이든, 학교든, 직장이든, 단체든, 국가든 그들이 쌓아온 역사와 기억 속에서 살아가고 있다. 그 속에서 벌어지는 많은 일들이 정당한지 부당한지, 합리적인지 불합리한지, 인간적인지 비인간적인지 따지지만 이내 그 속에 섞이고 만다. 특수사회를 좋아하는 사람들은 위의 고참병의 말처럼 '위로부터 그렇게 해왔고, 조직유지를 위해서는 현실과 타협할 수밖에 없으며, 골치 아픈 것은 신경 쓰기 귀찮다' 는 말을 자주하면서 말이다.

지금 인류는 생각의 위기를 맞고 있다. 공산주의의 붕괴와 자본주의의 한계, 자국주의와 글로벌주의 사이의 긴장, 전통가치와 현대가치 사이의 충돌, 사회주의와 개인주의의 편견, 물질주의와 정신주의의 괴리, 유신주의와 무신주의의 갈등 등 생각의 방향을 어디에 두어야 할지 막막하다.

인간에게 생각의 방향은 행복과 불행을 가르는 선이다. 그 선들에 의해서 조직이 구성되고, 그 구성원들은 그 생각들을 재생산하며 먹고 살기 때문에 그 생각의 굴레에서 벗어나기란 하늘에서 별 따기처럼 어렵다.

생각의 무질서는 특수사회를 견고하게 만든다. 고착화된 특수사회에서는 어떤 제도와 어떤 리더가 나와도 고질화된 사회문제를 풀어내지 못한다. 생각의 방향을 한 곳으로 모을 수 없기 때문이다.

조직원들이 서로 다른 생각을 하고 있는 상태에서 어떤 새로운 제도를 도입해보라. 그 제도는 각자 자기 생각대로 해석해서 받아들일 것이다. 조직원들이 서로 다른 곳을 보고 있는 상태에서 어떤 새로운 지도자가 나왔다고 생각해보자. 각자의 생각에서 규정한 눈으로 그 지도자를 바라볼 것이다. 이러한 상태를 총체적 위기라고 한다.

특수사회는 생각이 한쪽으로 쏠리기 쉽다. 모두가 신뢰할 만한 방향이 없기 때문이다. 그래서 이런 사회는 패거리 문화와 왕따 문화가 발달한다. 떳떳하고 당당하지 못한 일일수록 여럿이 뭉쳐야 산다는 본능이 작동하기 때문이다.

따라서 특수사회에서 벗어나기 위해서는 양쪽을 균형 있게 보는 제3의 눈이 필요하다. 오른쪽과 왼쪽을 자세히 관찰하되, 중심을 잃어서는 안 된다. 그 중심을 잡는 것, 그것이 공부다. 당신은 중심을 잡기 위해 오늘 무엇을 준비하고 있는가?

(I) 내 삶을 가치 있게 하는 것은?

저는 가끔 마음이 찡할 때가 있습니다.

엄마가 힘내라고 안아주실 때의 따뜻한 엄마 품, 아빠가 잘했다고 어깨를 두드려 줄 때의 기분 좋은 손길, 동생의 달콤한 사탕 선물 등. 저는 이렇게 소박하게 기쁨을 주는 일상들이 좋습니다. 가슴 뛰는 일이 무슨 큰 위대한 것들이 아닙니다. 힘든 일이 있을 때도 이런 기쁨 하나면 피로가 싹 가시고 살맛이 납니다. 생각지도 못한 친구의 작은 배려에도 무척 감동하고요. 이런 주위사람들의 작은 정성이 느껴질 때, 저는 제 삶이 행복하고 가치 있다고 생각합니다.

궁금증을 가지고 세상을 바라보는 것. 항상 생각을 많이 하는 것. 책 읽는 것.

어디에 가든, 어디에 있든 항상 미래에 관한 생각으로 나만의 생각 공간에 빠지는 경우가 많은데, 이런 나의 버릇이 삶에 많은 도움을 주는 것 같다. 그리고 여러 실험을 체험하면서 궁금증을 풀기도 하는데, 이런 능동적인 행동들이 학교 수업이나 평소 생활에 많은 도움을 준다. 유난한 호기심과 궁금증은 책에서도 답을 찾을 수 있어서 독서도 많이 하는 편이다.

한 달에 한 번, 푸른 노인전문병원에서 하는 봉사활동이 제 삶을 가치 있고 풍요롭게 만들어줍니다. 친구와 함께 병원 구석구석을 닦고 어르신들의 휠체어를 밀어 드리면 고맙다며 함박웃음을 지으시는데 그런 모습에서 뿌듯함을 느낍니다. 점심 배식을 할 때는 힘이 들기도 하지만 맛있게 드시는 모습을 보면 보람도 느낍니다.
또 거동이 힘드신 분들을 자주 보게 되는데 그분들을 보면 혼자 지내고 계시는 저희 할머니가 생각나 더욱더 열심히 봉사활동을 하게 됩니다.

우리 가족은 여행을 좋아한다. 여행을 제일 사랑하는 아빠를 시작으로 어렸을 때부터 자주 여행을 다녔다. 그래서인지 어렸을 때부터 가족끼리 자주 대화하는 기회를 많이 만들 수 있었고, 많은 추억을 남길 수 있었다. 이러한 추억들과 대화가 화목한 우리 가정을 만드는 데 가장 큰 기반이 되었다. 화목한 가정은 내게 있어서 편안한 쉼터와 같은 매우 가치 있고 중요한 것 중 하나이다.
화목한 가정을 만들게 한 것이 가족들과 함께 한 여행이라고 생각하기 때문에 가족 여행 또한 내 삶을 가치 있게 하는 것 같다.
마지막으로 원만한 교우관계가 내 삶을 가치 있게 한다. 특별하게 갈등 없이 두루두루 원만한 교우관계라서 서로 문제가 있거나 고민이나 걱정이 있을 때, 서로 털어놓고 이야기하다 보면 어느 샌가 해결책이 나오기 때문이다.

저의 취미이기도 한 독서와 악기 연주가 행복의 가치를 느끼게 합니다. 어렸을 때부터 즐겨왔던 취미들입니다. 다양한 주제의 독서경험은 저에게 책을 읽는 재미를 주었을 뿐 아니라, 다양한 배경지식을 쌓을 수 있는 기회가 되어 지금까지 많은 도움을 주고 있습니다.
또한 7살 때부터 배운 피아노와 바이올린 연주는 연습을 통한 성취의 즐거움 또한 누릴 수 있게 합니다.

02 | 인성은 동심同心이다

● ● **소통의 본질은 인성이다**

일요일 아침, 지방 강의가 있는 날이라 일찍 일어나 준비를 하고 마을버스에 올랐다. 버스에 오르고 막 출발하려는데 바닥에 빈 병 하나가 대굴대굴 굴러다녔다. 운전기사는 그 병 구르는 소리 때문인지 인상을 잔뜩 찌푸렸다. 승객은 나를 포함해서 세 명 밖에 없어 그 빈 병은 넓은 바닥을 이리저리 자유롭게 돌아다니고 있었다. 나 또한 신경이 많이 쓰였던 터라 허리를 굽혀 의자 아래에서 병을 힘들게 꺼내 손에 들었다. 내릴 차례가 되어 병을 들고 문 앞에 섰는데 운전기사는 환하게 웃으며 "고맙습니다, 안녕히 가세요!"라며 반갑게 인사를 한다. 나 역시 "수고하세요!"라고 인사를 건넸다. 평소 버스를 타고내릴 때 주고받았던 인사와는 또 다른 느낌에 전철역으로 향하는 발걸음이 무척 가볍게 느껴졌다.

전철역에는 일요일이라 그런지 등산복에 배낭을 둘러멘 사람들이 눈에 많이 띄었다. 화장실에 들렀는데 사람들이 북적거렸다. 어떤 60대 중반 정도 된 남자분이 화장실 통로는 좁은데 배낭을 메고 볼일을 보고 있었다. 보기에도 불안해 보였는데 아니나 다를까, 어떤 젊은 분의 배낭 뒤쪽과 부딪쳤다. 그 젊은이는 언짢은 표정으로 쏘아보았다. 그분은 미안하다며 손을 씻고 밖으로 나갔다. 얼굴 표정이 밝지는 않았다. 나는 그분을 뒤따라 나섰는데 화장실 출구 쪽에 장갑이 한 짝 떨어져 있었다. 혹시 그분의 장갑이 아닐까 해서 얼른 줍고 몇 걸음 뛰어가 "아저씨, 장갑요!" 하고 건넸다. 아저씨는 얼굴이 빨개지며 고맙다고 했다.

오늘의 강의주제는 '인성으로 소통의 시대를 주도하자' 로 수강생들은 주로 중고등학교 어머니들이다. 수강생들에게 먼저 "우리 사회에서 가장 소통이 잘 되지 않는 곳이나 사람은 누구인가?"라는 질문을 던졌다. 그랬더니 남편을 가장 많이 꼽고, 그 다음으로 자녀를 들었다. 예상하기는 했지만 수강생들도 모두 놀라워하는 분위기였다.

가장 가까이에 있는 사람일수록 가장 소통이 잘 되지 않는다. 이것이 우리의 현 주소다. 그들에게 다시 "소통이 잘 되지 않는 가장 큰 원인은 무엇인가?"라고 질문을 던졌다. 그 이유는 가치관이 달라서, 서로 차이를 존중해주지 않아서, 성차별적 고정관념 때문에, 자기주장만 고집해서, 세대차이 때문에 등 다양한 대답들이 나왔다.

소통은 상호적이다. 아마도 남편들이나 학생들을 모아놓고 동일한 질문을 던졌어도 비슷한 대답이 나오지 않았을까? 생각된다.

소통에 방해되는 요인들을 다시 한 번 자세히 들여다보면 서로서로 욕심의 이끼가 끼어서 그 욕심의 관점에서 상대를 대하기 때문에 시간이 흐를수록 정서적인 벽이 더 두터워지는 것이다. 욕심은 욕심을 재생산한다.

그렇다면 원활한 소통을 위해서는 '이해적 관점'에서 벗어나 '인성적 관점'으로 전환하는 것이 대안이다.

인성적 관점이란 '부부이기 때문에'라든지 혹은 '내 자식이기 때문에'라든지 하는 조건적 기대욕구를 최소화하고 '인간다움'에 기준을 두는 관계 맺기를 말한다. '인간다움은 서로 부족하고 불완전함을 인정'하는 데서 출발한다. 그 빈틈을 가장 가까이서 지켜보고 채워주는 것이 가족이다. 사실 말은 쉽지만 실천하기 가장 어려운 관계가 가장 가까이에서 가장 자주 부딪치는 부부와 자녀와의 관계 맺기다. 그래서 예로부터 가화만사성家和萬事成이라 하지 않았는가.

강의 내내 수강생들과 소통하려 노력은 하였지만 고개를 갸우뚱하며 조금은 어려워하는 표정들이었다. 퇴근길에 구두 뒤축이 많이 닳아 동네 구두수선 집에 들렀다. 일요일에는 구두수선 집들이 문을 열지 않는 곳이 많은데 내가 다니는 단골집은 늘 영업을 한다. 수선집 사장은 75세의 나이에도 불구하고 이곳에서 32년째 영업을 하고 있다고 한다. 연륜만큼이나 능숙하고 여유 있는 모습이 늘 보기 좋았다. 내가 도착했을 때 손님이 없어서 바로 작업에 들어갔다. 구두 뒤축을 벗겨 내고 사포로 문지른 다음 접착제를 바르고 말리는 동안 구두수선 사장의 옛날 살아온 이야기를 듣고 있었다. 그때 한 20대 후반쯤 되어 보이는 젊은 여자 손님이 찾아와 하이힐 굽을 갈아야 하는데 빨리되느냐고 물었다. 사장은 먼저 온 나에게 양해를 구했다. 물론 나는 괜찮다고 했지만 속으로는 시간이 많이 걸리면 어쩌나 걱정이 되었다. 그런데 하이힐 굽은 핀 하나를 뽑더니 새 핀으로 바꾸는 단순한 작업이었다. 여성분이 계산을 마치고 나가자, 사장은 "기다리게 해서 죄송하다고 한마디 하고 갔으면 좀 좋아."라며 혀를 찼다.

정치인들은 서민들과 소통하려고 많은 노력을 기울인다. 서민들을 위한 복지 공약을 하거나 제도 개선 등 다양한 슬로건을 내건다. 그런데 노력한 만큼의 효과가 없다. 왜 그럴까? 그것은 소통에 대한 기본을 잘 모르기 때문이다. 소통은 겉으로 보면 이해를 충족시켜주는 데에 있는 것처럼 보이지만 실제는 '인성'에 있다.

아침에 만난 버스기사의 눈빛, 화장실 앞에서 만난 등산복 차림의 얼굴 빨개진 아저씨의 뒷모습, 구둣가게 사장이 원하는 '죄송합니다' 라는 말 한마디 이것이 인성이고, 이것이 소통의 무기가 아닐까 생각한다. 인성으로 소통하자.

내 삶을 가치 있게 하는 것은 '경험'이다. 책을 통한 간접경험도 중요하지만 무엇보다 여행이나 봉사를 통한 '직접경험'이야말로 내 삶을 가치 있게 해준다. 우리 가족은 여행을 좋아해서 국내의 여러 곳을 자주 찾아다니는데, 여행을 하면서 여행의 경험이 가져다주는 마음의 건강과 새로운 깨달음들을 소중하게 생각한다. 또한 봉사활동을 통한 경험도 나에게 있어 삶의 소중함과 진정성을 깨닫게 해주는 중요한 가치인 것 같다.

사랑하는 가족, 또는 좋아하는 친구들과 함께 지내는 시간이 즐겁다. 나는 사람들과의 어울림 속에서 내 삶이 가치 있어지는 것 같다. 사람들과 함께 보내는 시간 속에서 나도 모르는 사이에 조금씩 배우기도 하고, 잘못된 점을 고쳐가면서 조금 더 나은 사람이 되어 가며 내 가치를 발견할 수 있기 때문이다.

가족도 내 삶에서 큰 비중을 차지하고 큰 영향을 끼치지만, 내 삶을 가치 있게 하는 것은 무엇보다 '친구'들인 것 같다. 나는 친구들과 어울리기를 좋아한다. 친구들과 노는 것은 단순히 놀이에서 그치는 것이 아니라, 여러 면에서 나에게 많은 영향을 끼치고 있다고 생각한다. 우정, 배려, 신뢰, 진정, 관계, 믿음 등등. 내가 어른이 되어가면서 배워야 할 것들을 모두 친구 관계에서 습득하고 있다.

어렸을 적, 가난한 환경 탓에 나는 매우 힘들게 공부를 해야 했다. 나는 큰딸로서 가정의 경제적 상황을 받아들일 수밖에 없었고, 내가 꿈꾸던 일들은 꿈으로만 머물러야 했다.
결혼을 하고 나서야 내 소박한 꿈을 찾아 노력할 수 있었으며 지금은 꿈을 이룰 날을 기대하며 행복을 그리고 있다. 그리고 나와 같은 환경 속에서 자라나는 소외된 아이들에게 꿈을 격려하고, 꿈을 이루어 행복한 삶을 살아가라는 이야기를 할 수 있어 또한 즐겁고 평안하다.
더불어 이런 내 생각들이 내 아이들에게도 전해져 큰아이는 자신의 꿈을 찾아 열심히 공부하며 살아가고 있다.

●• '생각'은 '생각'을 제대로 보지 못한다

"행복은 내 안에 있다!" 참 식상한 말이다. 이 말대로라면 사람은 누구나 행복해야 한다. 행복은 외부환경과는 무관하기 때문이다. 그런데 현대인들에게 "당신은 행복합니까?"라고 물으면 절반 이상은 불행하다고 대답한다. 그렇다면 행복은 내 안에 있다는 전제가 잘못된 것일까?

데카르트에게 동일한 질문을 한다면 그는 '생각하기 나름'이라고 대답할 것이다. 그가 내린 "나는 생각한다. 그러므로 나는 존재한다."라는 명제는 인간에게 많은 자유의 길을 열어주었다. 동일한 상황이라도 생각하기에 따라서 행복할 수도 있고 불행할 수도 있다는 말이다. 공감하는 말이다.

그런데 데카르트의 말은 사람들마다의 생각을 존중해준다는 측면에서는 동의하지만 사람들마다의 판단기준을 참으로 받아들이자고 한다면 그것은 동의할 수 없다.

근대교육은 여기서 출발한다. 즉, 사람들마다의 생각은 존중하되 그 생각들의 객관화 작업이 필요하다. 객관화의 대표적 개념은 과학이다. 인간 개인은 신뢰할 수 없지만 과학적인 것은 믿는다. 과학은 개개인들의 생각을 실증적 차원에서 필터링한 후 받아들이기 때문이다. 과학의 시작과 끝은 인간의 '생각'이다.

인간의 생각은 전쟁이다. 생각은 생각을 낳기도 하고, 생각을 소멸시키기도 한다. 긍정적인 생각이 있는가 하면, 부정적인 생각도 있다. 파트너와 생각이 같을 수도 있고 다를 수도 있다. 생각은 복잡하다. 생각은 저마다 잘났다. 생각은 파편적이다. 그래서 심리학에서는 복잡한 인간의 생각을 과학적으로 정리하려고 다각도로 연구한다. 그러나 그 끝은 보이지 않는다. 아이러니하게도 '생각'은 '생각'을 제대로 보지 못한다. 서로 같은 범주 안에 있기 때문이다. 현대 과학적 학문은 모든 현상을 '인간생각'으로만 설명하려 한다. 그러다 보니 '인간생각'의 틀 안에 갇혀 인간 밖의 '생각'을 보지 못하는 우를 범하고 있다.

우주 안에는 인간만 '생각'을 하는 것은 아니다. 다른 존재들의 '생각'도 많다. 행성들의 생각, 지구의 생각, 동물들의 생각, 식물들의 생각, 하늘의 생각, 땅의 생각 등 헤아릴 수 없을 만큼 무수한 생각들이 공존한다.

인간의 '생각' 눈금으로 모든 것을 재단하려는 발상은 분명 한계가 있다. 우주와 자연의 역사는 인간 '생각'의 역사보다는 훨씬 길고 크다.

다시 처음 질문으로 되돌아가보자. 행복은 내 안에 있는가? 그렇다면 당신은 행복한가? 인간의 '생각' 안에서만 들여다보면 답이 없다. 그러나 우주 안의 다양한 존재들의 눈으로 '생각'을 전환하면 명쾌한 답이 나온다.

우주에서 내려다보는 나의 모습을 상상해보라. 지구촌의 다양한 식구들과 어울려 살고 있는 나는 분명 존재 이유가 있으며, 존재 가치가 있다. 이것이 행복을 얻는 패러다임의 전환이다.

"전, 언니 자체가 그 모습 그대로 있기 때문에 좋아요!", "언니 같은 사람이 있어서 좋아요."

가장 잊히지 않는 말이다. 아! 내가 태어난 보람과 가치를 진정으로 느끼게 해주는구나 싶다. 가까이는 내 아이에게, 이웃 동생들에게, 부모님에게, 형제에게, 내가 사랑하는 사람들에게 나란 존재를 어떤 면에서든 모델로 삼고, 혹은 가치관이 흔들릴 때 위로와 안심이 되었으면 좋겠다. 그들에게 보답하기 위해 온정을 쌓아가고 현실적으로도 무너지지 않게 애쓰는 것은 덤으로 생기는 것 같다.

일이 있다는 것, 직업이 있다는 것, 나 자신이 남에게 도움이 될 수 있다는 것, 그러기 위해서는 늘 깨어 있어야 한다고 생각하며 생활한다. 무엇인가를 늘 만들어가며 하루하루를 보내는 것, 그래서 오늘 이곳에 있는 일조차 내 삶에 있어서 가치 있는 한 부분이지 않을까?
나는 일을 하고 있지 않으면 무언가 허전하다. 집안일이 아닌 직업을 말한다. 물론 집안일과 병행하는 것이 나를 힘들게도 하고 좌절하게도 하지만, 삶의 에너지를 받는 경우가 더 많은 것 같다. 그래서 내 직업이 이제는 날 깨어 있게 만들고 삶의 에너지원이라 할 수 있다.

꽃샘추위가 아주 극성을 부리던 날, 첫아이를 위해 역사학회 회장을 섭외해서 역사탐방을 가게 되었다. 그분이 아이에게 "넌 이름이 뭐니?, 어디 이가냐?"라고 물어보셨다. 그러면서 "너희 집안은 세종대왕이 가훈을 내려준 집안이다." 하며 아이에게 열심히 공부하라고 당부하고, 나에게는 아들을 잘 키우라고 하셨다.
그분을 뵙고 돌아오는 길에 나는 많은 생각에 잠겼다. 아들에게 '내가 할 수 있는 것은 무엇일까'를 생각하며, 자랑스러운 엄마, 모범적인 엄마이고 싶었다. 지금 나는 그런 엄마가 되고자 최선을 다해 노력하고 있다.

교회에서 예배를 드리던 중, 목사님의 말씀이 너무나 가슴에 와 닿았다. "건강하기 위해 운동도 하고 좋은 음식을 챙겨 먹는데 그렇게 하여 건강하면 그 몸으로 무엇을 할 것입니까?", "목표 금액을 정하여 죽어라 열심히 일해서 돈을 모았는데, 그 돈이 모이면 무엇을 할 것입니까?", "건강한 몸과 돈으로 하나님이 원하시는 세상을 위하여 어떻게 쓸 것인가를 고민하십시오."
예전엔 나도 직장에 다니면서 승진 욕심과 재산 증식을 위해 노력하였으나 그런 것은 잠시의 기쁨이 될 수는 있었지만, 궁극적인 행복을 가져다주지는 않았다. 그래서인지 목사님의 설교가 내게 와 닿았다. 몇 년 전부터 기독교재단의 어린이 후원과 선교활동 등을 통하여 나의 몸과 재물을 현명하게 쓰고 있다. 이런 활동들이 가치 있는 일이라고 생각한다.

•• 왜 사는지는 '마음씨' 안에 그 답이 있다

"콩 심은 데 콩 나고, 팥 심은 데 팥 난다." 자연은 거짓말하지 않는다. 그래서 한자로 '자연〔自然〕'은 '저절로 이치에 맞다' 라고 해석한다. 그런데 과학기술이 고도로 발달하면서 이런 말이 통할지 의문이 든다. 유전공학의 발달로 콩을 심었는데 뿌리는 감자가 나고 줄기는 샐러리며, 열매는 콩으로 수확할 수도 있기 때문이다. 어디 동식물만 그러겠는가. 사람도 마찬가지다. 로봇기술과 의술이 결합하면 하체는 로봇이고, 상체는 동물이며, 머리는 사람인 시대가 오지 말라는 법은 없다.

그렇다면 인간은 왜 자연을 거스르면서까지 거사를 꿈꾸는 걸까? 결국은 죽음에 대한 두려움 때문이다. 한 번의 생애밖에 없는 생명을 놓치기 아까운 것이다. 이 전제를 버리지 않는 한, 반자연적인 호기심과 욕망 그리고 욕심의 도전은 계속될 것이다. 그렇다면 대안은 죽음에 대한 두려움을 없애는 것이다. 그런데 이것은 말처럼 쉽지 않다. 어떤 사람이 죽음 앞에서 초연해질 수 있단 말인가?

두려움은 알지 못하는 데서 싹튼다. 따라서 죽음을 알게 된다면 두려움에서 벗어날 수 있다. 그런데 죽음은 알기 어려운 것이 직접경험을 할 수 없기 때문이다. 차선책으로 죽음에 대한 두려움을 줄이는 방법 중 하나는 죽음의 반대편을 아는 것이다. 즉, 인간이 왜 사는지를 아는 것이다.

사람은 왜 사는 걸까? 자연의 관점에서 보면 어느 것 하나 불필요한 존재는 없다. 즉, 우주 전체로 보면 사람은 필요에 의해서 태어났으며 필요한 역할과 소임을 하도록 설계되었다. 그 근거가 무엇인가? 씨앗이다. 생명을 잇는 씨앗은 정직하다. 다윈의 논리대로 적자생존이다. 우주의 일원으로서 무엇인가 하는 일이 있기에 생명을 유지하는 것이다. 그러면 인간은 무슨 일을 하는 걸까?

모든 생명체는 씨앗에서 출발하고 씨앗으로 남는다. 그래서 그 존재의 역할을 알려면 씨앗을 보면 된다. 씨앗은 가장 정직한 우주의 역사이기 때문이다.

콩은 하나의 낱알 콩으로 출발해서 싹이 트면 변하여 많은 콩알을 남기고 사라진다. 동물도 마찬가지다. 그렇다면 사람은 어떤 씨앗이 있는가? 사람은 '마음씨' 다. 인간은 '마음씨' 를 가지고 태어나서 '마음씨' 를 남기고 사라진다. 인간이 왜 사는지는 '마음씨' 안에 그 답이 있다.

크게 보면 사람 마음씨는 모두 같다. 인성은 마음씨다. 그 씨를 누가, 어디서, 어떻게 기르느냐에 따라서 삶의 질이 달라질 뿐이다. 그래서 마음씨를 발견하고 계발하는 것이 공부다. 그리고 그 마음씨를 따르는 것이 인간의 삶이다.

그렇다면 죽음의 두려움을 어떻게 줄일 수 있을까? 그것은 사는 동안 '마음씨' 에 충실히 따르는 방법밖에 없다. 마음씨에 충실한 사람은 죽음에 대한 두려움이 적다. 우주역사 앞에 당당하기 때문이다. 반대로 마음씨에 반하는 삶을 살아온 사람은 죽음에 대한 두려움이 커질 수밖에 없다. 자연 질서 앞에 부끄럽기 때문이다. 사람은 마음씨의 이치를 충실하게 수행하는 것이 삶으로써 죽음을 극복하는 지혜로운 방법이다.

내가 CEO라면 어떤 사람을 채용하겠는가?

뚜기들의 인성소통 이야기

밝고 씩씩한 사람 / 청소 잘하고 목소리 크고 예의 바른 사람
　내가　CEO라면 직원을 채용할 때, 어느 일정 기간 동안 단체 합숙생활을 통해 직원의 면면을 살펴볼 것이다. 성격이 밝은지, 남들과 융화는 잘 되는지, 배려와 예의는 있는지 등 단체합숙 생활을 통해 선발하겠다.

진취적인 사람 / 변화를 즐기는 사람
　기업이 발전하고 생존하기 위해서는 외부의 환경 변화에 민감하게 대처하고, 변화의 흐름을 알고 주도적으로 이끌어야 한다. 같은 자리에 안주하기보다 늘 앞서가려 노력하고, 변화를 꿈꾸는 사람과 일하고 싶다.

꿈과 열정, 도전정신이 있는 사람
　머리만 좋은 사람 NO! 개성만 강한 사람 NO! 화려한 스펙 NO!
외형은 화려하지 않지만 무한한 꿈과 다부진 열정, 그리고 역경을 이겨내는 도전정신을 가진 멋진 사람을 뽑을 것이다.

●● '하나' 되기 위해서는 '다름'보다는 '같음'을 가르치고 배워야 한다

한국도 다문화시대가 열렸다. 전국 어디를 가더라도 외국인을 쉽게 만날 수 있다. 얼굴색도 다채롭다. 우리나라는 5천년의 유구한 역사를 이어온 자랑스러운 민족인 것은 사실이지만, 이제 단일민족이라고 주장하기에는 부자연스럽다.

역사는 필요에 의해서 변화한다. 한국은 현재 좋든, 싫든 다양한 민족이 들어올 수밖에 없는 구조이기 때문에 민족 간 교류가 활발해지고 있는 것이다.

이것을 반영해 최근 한국은 다문화가정에 대한 교육과 배려 운동이 한창이다. 참 아름다운 모습이다. 대한민국이 글로벌리더가 되려는 희망의 모습이기에 더욱 기쁘다.

그런데 외국인을 맞이하는 방법에 대해서는 고민해볼 문제가 하나 있다. 흔히 우리는 다른 나라의 문화를 가르치거나 배울 때 '다른 점'

에 초점을 둔다. 우리가 경험하지 못한 언어, 전통, 의식주, 교육, 습관, 놀이 등을 주제로 외국문화가 어떻게 다른지를 이해시키려 한다. 그래야 이질적인 것들을 받아들일 수 있으며, 결례나 실수를 줄일 수 있다고 생각하기 때문이다.

이것은 다름을 알면 서로 이해의 폭을 넓혀 동질감을 확보할 수 있다는 논리다. 그러나 상호이해를 통한 동질화는 소극적인 관계 맺기이다. 궁극적으로 '하나'가 될 수 없기 때문이다.

즉, 대상에 대한 인식에서 처음부터 '다르다'는 전제를 두기 때문에 아무리 시간이 흘러도 '하나'라는 생각을 하지 못한다. 그리고 '이해'는 '완전한 인식'과도 다르다. 이해는 인식대상을 자기 합리화하는 행위이기 때문이다.

'하나' 되기 위해서는 '다름'보다는 '같음'을 가르치고 배워야 한다. 남자와 여자는 서로 다른 점보다는 같은 점이 더 많다. 부자와 가난한 사람 역시 같은 점이 더 많다. 어린이와 어른, 공부 잘하는 학생과 그렇지 못한 학생, 정치인과 농부, CEO와 직원, 흑인과 백인, 동양인과 서양인 이들은 다른 점도 있지만 같은 점이 훨씬 더 많다.

처음부터 '같음'을 전제하면 조금의 다름이 있더라도 곧 다시 하나가 될 수 있다. 대상을 인식할 때 '같음'을 먼저 보려는 것은 대단히 중요하다. 같음은 소통의 문이기 때문이다. 더 나아가서 존재들이 서로 다른 것은 결국 하나 되기 위해서이다.

인간은 원래 '한마음〔同心〕'이다. 행복해지고 싶은 마음, 건강해지고 싶은 마음, 다른 사람들에게 인정받고 싶은 마음, 자기가 하고 싶은 것을 자유롭게 하고 싶은 마음, 평화롭게 살고 싶은 마음, 풍요롭게 살고 싶은 마음 등등. 동서고금을 막론하고 사람들은 모두 같은 마음이다. 단지 '다름'을 먼저 교육받았기에 다르다고 알고 있을 뿐이다. 따라서 적극적인 글로벌시대를 주도하기 위해서는 동심同心을 회복하는 운동을 펼쳐야 한다. 그 적임자는 바로 대한민국이다. 5천년을 이어온 '한민족'이라는 숨결에는 이미 '한마음' 정신이 담겨져 있기 때문이다. 그래서 대〔큰〕 한〔하나〕민국이 아니겠는가?

최근, 큰아들이 공부를 하다 모르는 부분을 물어보겠다며 밤늦은 시간에 회사에서 일하는 아빠에게 전화를 했다. 그런데 화상통화를 하고 있었다. 나는 바쁜 남편을 생각해서 소리가 울려 잘 들리지 않으니 그냥 일반 통화를 하라고 옆에서 계속 잔소리를 했다. 하지만 아이는 못 들었는지, 못 들은 척하는지 계속 영상으로 통화를 한 후 마무리하는 것이었다.

그날 아들이 불을 끄고 잠자리에 들면서 "아빠가 내 얼굴을 보면 힘들지 않으실 것 같아서요."라는 것이었다. 순간 마음이 울컥했다.

아들이 생일선물로 분홍색 우산을 사주었다. 카드에는 이렇게 적혀 있었다. "사랑하는 엄마, 생신 축하드려요.^^ 비 오는 날, 검은색 우산에 항상 무겁고 칙칙한 색깔의 옷과 신발, 가방을 들고 다니시는 우리 엄마, 이 분홍색 우산을 쓰고 다니시면 어떤 모습일까? 정말 궁금해요. 화사한 분홍 우산으로 엄마 얼굴이 꽃처럼 예뻐 보이셨으면 좋겠어요. 그러면 엄마 기분도 많이 좋아질 것이라는 생각이 들어요. 꼭 그랬으면 좋겠어요." – 큰 아들 드림.

나는 아이들의 메모에 자주 감동한다. 우리 집은 남편과 함께 자영업을 하느라 저녁에는 항상 아이들끼리만 집에 있게 된다. 그래서 늘 안타깝고 미안하다. 밤 12시가 넘어 집에 들어오면 대부분 엄마, 아빠 얼굴도 못 본 체 아이들은 잠이 들어 있다. 그런데 내 사랑스러운 아이들은 이런 부모를 위한 배려로 식탁이나 냉장고에 포스트잇 메모를 수시로 남겨둔다.
"엄마, 아빠 오늘도 힘드셨죠? 사랑해용!!" 거창한 이야기는 아니지만 메모지를 보면 우리 아이들의 온기가 느껴져서 긍정의 에너지가 솟는다.

첫째가 동생 타령을 합니다. 자기에게도 동생이 있으면 좋겠다고. 남편과 저는 곰곰이 생각한 끝에 둘째를 낳기로 합의했습니다. 둘째를 임신한 걸 확인하고부터는 100일 기도를 드리며, 예쁘고 사랑스러운 아기가 태어나길 기도했습니다.
아기가 태어나던 날, 오뚝한 콧날과 쌍꺼풀 없는 큰 눈의 사랑스런 아기를 보자, 어느새 내 눈에는 감동의 눈물이 흘러내렸습니다. 감동, 최고의 감동!
"서연아, 사랑해!"

TV에서 남성 맹인으로 일상생활은 불가능할 것 같은 사람이 농사일을 하며 산에서 땔감을 구해와 장작도 패고, 여가시간에는 기타도 치는 모습을 보고 깜짝 놀란 적이 있다. 그런 모습을 보면서 세상에 쉬운 일은 없겠지만, 또한 불가능한 일도 없다는 것을 깨달았다. 최악의 조건하에서 역경을 이겨낸 모습을 보고 나를 다시 한 번 돌아보는 계기가 되었다.

03 │ 인성인재가 세상을 바꾼다

● • '사람다움'의 평가는 남이 아니라, 자신이 하는 것이다

인성은 한자로 '〔人性〕 태생적 마음을 지닌 사람'이라는 뜻이다. 영어로는 '〔human nature〕 자연 그대로의 사람모습'이라는 뜻이다. 이들의 공통점은 '꾸밈없는 원초적인 모습'이며, 차이점은 전자는 '인간 내면의 완전한 세계'에 초점을 둔 반면, 후자는 '인간 외면의 불완전한 세계'에 무게를 둔 느낌이다. '태생적 마음'을 간직한다는 것은 초심, 즉 욕심 없음을 의미하지만, '자연 그대로의 모습'이라 함은 사람의 손길이 필요함을 암시하고 있다.

인성, 즉 인간의 본래모습을 어떻게 규정할 것인가는 대단히 중요한 문제이다. 인간을 보는 눈의 초점에 따라서 정치, 경제, 사회, 교육 등 인간의 삶을 설계하는 방향이 완전히 달라지기 때문이다.

그렇다면 인간의 본래모습은 어떤 것인가? 성선설, 성악설, 백지설 등 인간본성에 대한 전통적인 학설을 논하자는 것은 아니다. 다만, 사람이 사람에게 보내는 눈빛은 선순환구조여야 한다. 다른 사람을 보는 것은 곧 자기를 보는 것이기 때문이다. 따라서 인성은 내 안에서 찾아야 한다. 즉, 사람의 본래모습을 규정하고자 할 때, 다른 사람들의 행실을 관찰하고 종합해서 찾을 것이 아니라 '나는 어떠한가'를 자문해서 해답을 얻으라는 말이다.

밖에서 찾으면 인성은 없다. 다른 사람의 행실은 각각의 파편화된 부분의 모습으로 드러나기 때문이다. 주위 사람들의 행실을 관찰해보라. 완성된 아름다움의 모습보다는 결점이 더 잘 보일 것이다. 그것은 내 안에 있는 보다 완전한 인성의 눈으로 다른 사람들의 불완전함을 관찰하기 때문이다. 그래서 동양은 전통적으로 '인성'을 회복의 대상으로 인식하였다.

인성은 있다. 사람다움은 내 안에 있다. 그동안 사람들은 인성을 밖에서 찾으려 해서 보지 못한 것이다. 내 안에 있는 사람다움의 따뜻한 온기를 느껴보자. 그리고 그 눈빛으로 다른 사람과 시선을 주고받자. 그것이 한자로 표현한 〔人性〕의 본래의미이다.

문을 잠그지 않아도 되는 세상

어느 날, 놀이터에서 저녁 늦게까지 놀던 아이가 놀이터에 자전거를 깜박 두고 왔다. 부랴부랴 찾으러 갔지만 자전거는 흔적도 없이 사라지고 없었다. 내 것을 도둑맞을까 염려하며 문을 잠그지 않아도 되는 세상, 잃어버린 물건을 주인에게 찾아주며 서로 배려하며 웃어주는 따뜻한 세상에서 살고 싶다.

공동체적인 삶

세상의 모든 사람들이 더하거나 덜하지 않는 공동체적 삶을 살았으면 좋겠습니다. 많이 가진 사람들의 나눔으로 인해 더불어 모든 사람이 행복해지고, 덜 가진 사람들의 노력으로 함께 행복한 삶을 사는 세상. 모두가 서로서로 비워가고 채워주는 세상을 원합니다.

따뜻한 세상

여러 가지 의미에서의 '따뜻한 세상'에서 살고 싶다. 매섭기보다는 따스한 날씨, 나보다는 남을 먼저 배려하는 따뜻한 마음들이 모인 공간, 학벌, 인맥을 중시하기보다는 스쳐가는 사소한 인연이라도 크게 맺을 수 있는 따뜻한 세상에서 살고 싶다.

존재, 그 자체가 행복한 세상

함께 하는 모든 것들, 모든 이들이 존재해서 행복한 세상. 그냥 보기만 해도 좋은 사람들, 차 한 잔 하면서 마냥 행복한 사람들, 계산하지 않아도, 경쟁하지 않아도, 나태해지지 않는, 서로서로의 후원자가 되고, 격려하는 자가 되어 함께 웃고, 울고, 이야기할 수 있는 그런 세상. 서로의 존재가 너무 감사한 그런 세상에 살고 싶다.

●● 당신이 만일 CEO라면, 어떤 사람과 함께 일하고 싶은가?

"당신이 만일 CEO라면, 어떤 사람과 함께 일하고 싶은가?"라고 물으면 열정, 도전, 비전, 아이디어, 협력, 유머…… 많은 단어들을 제시하겠지만 그 핵심은 '주도성'이다. 인간에게 주도성은 에너지의 원천이다. 사람이 하는 일은 마음이 움직이지 않으면 무엇을 해도 좋은 성과를 얻기 어렵다. 따라서 주도성은 마음의 문이 활짝 열리는 데서 성장한다. 그러면 사람은 어느 때 마음의 문이 열리는가?

 마음의 문은 '여유'에서 열린다. 그런데 우리네 사회는 마음의 여유를 가지고 주도성을 기를 수 있는 환경이 아니다. 초등학교를 졸업하면 당연히 중학교에 입학하고 중학교를 졸업하면 밀려서 고등학교에 들어간다. 고등학교에 올라가면 최대 관심사는 괜찮은 대학에 들어가는 것이다. 물론, 좋은 직업을 갖기 위해서다. 대학에 들어가면 직장 구하기에 올인한다. 직장에 들어가면 승진이라는 목표를 두고 뛴다. 이것이 일반적인 사람들이 가는 길이다. 가는 길에 가끔씩은 브레이크를 밟지만 다시 달리기에 바쁘다. 마음에 여유가 없다.

 마음에 여유 없이 앞만 보고 뛰는 사람은 근면할지는 모르지만 열정은 없다. 근면은 의식의 습성에서 비롯되지만 열정은 마음씨에서 출발하기 때문이다. 그리고 이런 사람은 도전의 가치를 모른다. '그냥', '열심히', '하면 된다'라는 식의 구호는 21세기 인재상에는 걸맞지 않다. 그냥 열심히 하는 것은 컴퓨터와 기계가 더 잘한다.

 사회구조와 문명구조가 변하면 그에 따라 인재기준도 변화해야 한다. 그리고 그것을 교육에 반영해야 한다. 그런데 우리 청소년들은 시대가 요구하는 주도성을 기를 수 있는 환경으로부터 원천봉쇄당하고 있다.

 과거의 가치기준에서 보면 여유는 낭비로 보일지 모르지만, 미래 인재기준에서 보면 마음의 여유는 재산이다. 그 속에서 자기 내면의 가

치를 발견하고 그 가치를 사회와 소통하는 것 그것이 글로벌 시대가
요구하는 생명력 있는 인재다. 컴퓨터와 기계의 의존도가 커질수록
사람들은 사람의 향기를 더 그리워하기 때문이다. 즉, 동일한 제품과
서비스라도 인간의 상상력을 자극할 수 있는 스토리가 있어야 호감을
얻을 수 있다는 것이다.

  주도성이 힘이다. 주도성이 살아있는 사람은 사물을 대할 때 자기내
면의 가치와 소통의 고리를 찾는다. 하루하루 매 순간의 삶 속에서 자
기 존중감이 느껴지는 행복의 맛을 알기 때문이다. 행복의 맛을 아는
사람은 열정과 도전 그리고 비전이 있는 사람이다. 그래서 진짜 인재
를 찾는 사람들은 그 사람의 일상이 행복한지를 엿본다. 늘 행복한 사
람은 주인정신이 살아있기 때문이다.
  가끔씩은 가던 길을 멈추고 주인의 길을 가고 있는지 손님의 길을 가
고 있는지, 확인하는 여유를 갖자.

내가 조건 없이 하고 싶은 공부는?

청소년심리

아이들을 키우다 보면 내가 예상치 못한 아이들의 말이나 행농에 놀랄 때가 많다. 「우리 아이가 달라졌어요」라는 프로그램에 나오는 아이들처럼 언제 어떤 행동을 할지 모르는 상황이라 늘 불안해진다. 우리 아이가 저런 말과 행동을 할 때에는 분명 무슨 이유가 있을 텐데…… 그것을 모르니 답답하고 미안하다. 그래서 청소년심리를 배워보고 싶다.

건축학

나는 건축학을 공부해보고 싶다. 어렸을 적 건축관련 일을 하시는 아빠를 보면서 호기심과 재미로 설계도면을 들여다보고, 아크릴 판매하는 곳을 혼자 찾아다니며 어렵게 사들고 와서 집 모형을 만들었던 기억을 지울 수 없다. 하지만 그 당시에는 그것이 나의 진로와 아무 상관이 없는 것으로 생각하고 오직 성적에 의해 취업이 잘된다는 컴퓨터공학을 전공했다. 적성에 맞지 않는 전공 선택으로 너무 아까운 시간을 허비한 것이 지금도 후회가 된다.
나에게 그 당시 좋은 멘토가 있었다면 지금의 나는 아마도 많이 달라졌을 것이라는 생각을 많이 한다. 다시 공부할 기회가 주어진다면 조건 없이 흠뻑 빠져 설계도를 그려볼 것이다.

미술

수학을 전공한 나는 원래 타고난 성격도 그렇지만 점점 더 매사를 논리적으로 접근하게 된다. 그러다 보니 내 주위 사람들이 많이 힘들어한다. '따지는 사람, 차가운 사람, 딱딱한 사람, 건조한 사람' 등 이것이 나의 이미지다. 나의 이런 이미지들을 바꾸어 보고 싶다. 그래서 주위의 아름다운 것들을 느낄 줄 알고, 사소한 것들도 아름답게 표현해내는 미술을 공부해보고 싶다. 그러면 내 마음 안에 숨어 있는 따뜻한 무언가가 나올 것 같다.

안무

언제부터인가 클래식 음악을 들으면 머릿속에 무희들이 튀어나와 춤을 춘다. 그것도 음표에 맞게 정확하게 구현해낸다. 어떤 곡들은 20여 명, 말러 교향곡 경우에는 대 인원 무희들의 구상이 머릿속에 펼쳐진다. 안무를 제대로 배워서 내 마음속에서 꿈틀거리는 그림을 현실로 재현해보고 싶다.

●● 감각이 탁월한 요리사는 식재료의 본성으로 맛을 창조한다

꽃이 핀 물질문명은 인기가 높다. 이것은 '더 쉽게', '더 빨리', '더 편리하게'라는 인간본성의 욕구를 잘 충족시켜주기 때문이다. 여유 있는 사람들은 더 귀한 물건에 기꺼이 투자한다. 품위와 격식과 신분까지 포장이 가능해 일석삼조의 효과가 있기 때문이다. 이러한 투자자들이 나타나기 시작하면 경영자들은 '더 쉽게', '더 빨리'를 연발하며 눈이 커지고 더욱 바빠진다. 희귀 물건은 다른 기업보다 앞서지 않으면 가치가 떨어져 큰 재미를 볼 수 없다. 그래서 성격이 급한 경영자들은 새로운 개발보다는 모방의 기술을 더 좋아한다. 인기가 높을수록 복사의 유혹은 더욱 커진다. 복사기술 역시 순식간에 확산된다. 전문가조차 진짜와 가짜를 구분하기 어려울 정도로 정교하다. 짝퉁이 세계를 지배한다. 이쯤 되면 화려한 물질문명의 꽃은 시들해진다. 경영자들은 새로운 것을 찾지만 그 나물에 그 밥이다. 돈을 돌려야 돈이 생기는 법인데 마땅히 투자할 아이디어가 없다. 이것이 창의성을 외치는 현실적인 이유이다.

화려한 물질문명에 의존할수록 창의력은 감퇴한다. 눈부신 문명의 빛은 인간의 본래감각을 둔화시키는 성향이 있기 때문이다. 감각이 살아있어야 한다. 훌륭한 요리사는 미각, 후각, 시각이 예민해야 한다. 그런 감각이 탁월한 사람은 식재료의 본성으로 맛을 창조한다. 그러나 감각이 둔한 요리사는 양념으로 맛을 낸다.

창의력은 인간본성을 살리려는 치열한 고뇌의 산물이다. 그래서 '더 쉽게'보다는 '제대로', '더 빨리'보다는 '알맞게', '더 편리하게'보다는 '편안하게'를 생각해야 한다. 이런 관점에서 보자면 인간을 사랑하는 마음이 결여된 지식과 기술은 잔꾀다. 개인이든 집단이든 잔꾀를 부리는 사람은 오래가지 못한다. 삶의 핵심을 보지 못하기 때문이다. 실패를 반복하는 사람들의 특징 역시 잔꾀를 부리는 이들이다. 이들은 자기가 알고 있는 세계가 넓고 크다고 착각하는 경향이 있다. 그러나 잔꾀의 세계는 복잡하기만 할 뿐 핵심이 없기에 금방 들통이 난다.

미래형 인재는 새로운 환경을 만들어 가려는 도전정신이 절대적으로 필요하다. 기존의 지식과 기술을 모방해서는 변화의 흐름을 따라갈 수 없기 때문이다. 새로운 환경을 주도하되 타이밍이 중요하다. 가령 조선시대에 휴대폰을 만들었다면 어땠을까? 창의성은 그 시대의 구성원들이 필요한 것을 잘 관찰하여 빈곳을 채워주는 활동이다. 따라서 창의력이 빛을 발휘하기 위해서는 세상과 소통하는 상통相通정신이 있어야 한다. 창의력을 길러야 한다는 말은 무성하지만 상통정신을 알고 있는 사람은 많지 않은 듯하다.

의사소통

세상은 다른 사람과 더불어 사는 곳이라 생각한다. 가족, 친구, 동료들과 진솔한 의사소통. 자신이 원하는 것을 표현하고, 그것이 다른 사람에게 정확히 전달되고, 왜곡됨 없이 받아들이는 것이 행복의 큰 요소라 생각한다.

자신의 관점, 긍정적 사고

다른 사람이 어떻게 생각하든 자기 자신이 매사에 긍정적으로 생각할 줄 알고, 행동하며 마음을 느긋하게 갖는다면 그것이 행복이 아닐까 생각한다.

차이의 인정

타인과의 관계 속에서 어울려 살다 보면 이해를 하기보다 나의 기준에서 오해를 할 때가 많다.

차이를 인정해야 한다. 남들의 시각과 내 시각이 다르고, 가치관이 다르고, 기준이 다르고, 생각이 다르다는 차이! 차이를 깨달았다면 있는 그대로를 인정해주는 것이 중요하다.

건강한 마음과 신체

몸과 마음이 먼저 건강해야 행복도 느낄 수 있을 것 같다. 몸이 건강하지 못하면 마음이 불행해지고, 마음이 아프면 몸도 아플 것이다.

건강한 정신과 신체가 삶도 건강하고 행복하게 해줄 것이라 믿는다.

가족 간의 유대

건강을 잃어도 가족이 있다면 회복할 수 있습니다. 좋은 대학을 가지 못해도 가족이 있다면, 다시 노력해 볼 수 있습니다. 사업에 실패해도 가족이 있다면 일어설 수 있습니다. 성공하지 못하더라도 가족의 위로가 있다면 행복을 느낄 것입니다.

화려한 문명사회에서 빈곤한 정신세계를 지탱하게 하는 것은 물질의 풍요다. 사람과 사람의 관계도 마찬가지다. 돈만 있으면 사람을 쉽게 불러 모으고, 마음대로 부릴 수 있다. 그래서 졸부는 사람 귀한 줄 모른다. 그러나 환경이 바뀌면 상황은 반전된다. 눈에 보이는 것의 관계는 조건이다. 사람의 조건적 욕심은 끝이 없다. 상황과 위치 그리고 관계에서 비롯되는 변화무쌍한 인간관계는 조건만으로 해결할 수 없다. 그래서 결국 인간적 조건의 사슬에 얽히게 된다.

우리 속담에 "열 길 물속은 알아도 한 길 사람 속은 모른다."는 말이 있다. 맞는 말이다. 사람 마음 헤아리는 일이 세상에서 가장 어렵다는 이야기다. 왜 그럴까? 사람 마음은 정량적인 기준이 없기 때문이다. 물속은 굴절현상을 감안하더라도 눈에 보이는 세계이기 때문에 한 점을 기점으로 출발해서 끝나는 곳을 추산할 수가 있다. 그러나 마음속은 눈에 보이지 않는 세계이기 때문에 시작과 끝나는 점을 종잡을 수가 없다. 그래서 사람 마음은 보는 사람의 기준에 따라 시시각각 요동치는 변덕쟁이로 비친다.

그래서 인간관계는 한 번 잘못 꼬이면 풀기가 어렵다. 그래서 답답하다. 누구에게 하소연이라도 하고 싶은데 속 시원한 답을 찾기란 쉽지가 않다. 더구나 미래는 어떻게 전개가 될지 한치 앞을 내다볼 수 없다. 전문가를 찾아보지만 지금의 고비만 잘 넘기면 미래는 잘 풀릴 거라는 식상한 해피엔딩이다. 이러한 심경을 술이나 오락으로 달래보지만 그 역시 대안은 아니다. 그래서 대개는 사람은 태어나는 순간부터 유전자가 다르고 성장환경도 다르며 추구하는 가치도 다르게 발전하기 때문에 그 속성을 이해하고 수용하자는 논리로 마무리 짓고 만다. 그러나 차이의 논리 뒤에는 수동적이며 소극적인 측면이 숨겨져 있다. 내 존재감을 지켜나가기 위해서 부딪치는 요소를 수용하는 것이 더 낫다는 판단이 깔려 있기 때문이다.

 눈에 보이는 조건적 세계는 화려함에서 맛을 느낀다. 그래서 너도 나도 경쟁적으로 오색찬란한 다름의 자태를 뽐낸다. 그러나 다름의 멋을 내는 경쟁자는 줄지 않는다. 시간이 흐를수록 더 다양한 변신을 시도하지 않으면 눈에 띄지 않는다. 불안을 느낀 경쟁자들은 다름의 미학이라는 이름으로 더욱더 자극적인 방법으로 다름의 차별화를 선언한다. 그래도 불안은 쉽게 가시지 않는다. 이처럼 눈에 보이는 조건적 가치를 추구하다 보면 천태만상의 모습으로 다름에서 존재감을 찾으려 몸부림치지만, 그 끝은 눈에 보이지 않는 마음의 허전함과 공허함으로 그친다.

 눈에 보이지 않는 마음의 세계는 평온함에서 맛을 느낀다. 그래서 너도 나도 양보와 배려로 겸손의 미덕을 드러낸다. 이들은 서로 뽐내려 하지 않기에 다름보다 같음을 느낀다. 같은 마음을 느끼는 사람들은 이미 경쟁자가 아니다. 서로가 서로를 살리는 파트너로 인식하기 때문에 마음을 열고 신뢰한다. 같은 마음은 여유를 가져다준다. 세상에 대한 긍정의 믿음이 있기 때문이다. 이처럼 눈에 보이지 않는 같은 마음의 가치를 추구하면 사람과 사람, 사람과 자연, 사람과 우주가 서로 연결되어 있음을 느껴 풍족함을 얻는다.

이러한 관점에서 볼 때 '다름의 미학' 보다는 '같음의 미학' 이 한수 위다. 같음은 서로 다른 것을 포용하기 때문이다. 그래서 같음은 추상적인 개념이다. 가령 남자, 여자는 다름을 표현한 것이라면, 이 둘은 사람이라는 추상화된 이름으로 하나가 된다. 인간을 가장 인간답게 추상화해서 표현한 말은 '인성' 이다. 인성은 모든 인간이 추구하는 같음의 길이기 때문이다. 따라서 인성은 동심同心이다. 사람과 사람은 하나로 통하는 마음의 길이 있다. 그 하나 된 고유의 마음을 유지하는 것이 사람다움이다. 인성의 시대,동심同心을 사로잡아라.

가족
가족은 나의 모든 것! 가족이 없다면 삶의 의미가 없을 것 같다. 가족이 있어서 내가 좋아하는 일에도 충실할 수 있고, 가족들이 나를 믿어주고 아낌없

이 성원해 주기 때문에 지금 이렇게 좋은 특강에도 참여할 여유를 갖는다. 사랑하는 가족의 웃음과 행복이 나의 행복을 결정하는 핵심 요소이다. 몸과 마음이 건강한 가정이 곧 나의 행복이다. 어떠한 성공도 가정이 불행하다면 의미가 없다. 가정의 행복이 내 인생의 행복!

도전과 열정

꿈이 있기에 하루하루 생활 속에서 난관에 부딪치는 일이 있더라도 이겨낼 힘이 생긴다. 보잘 것 없는 사소한 일에 대한 이룸이든, 가슴 벅찬 큰일의 이룸이든 크고 작은 내 인생의 감동들은 꿈을 향한 도전과 열정이 있기에 더욱 빛을 발휘한다. 행복의 요소는 바로 꿈을 향한 도전과 열정이다.

만족 / 자족

만족하는 사람은 비록 가난하더라도 부유할 수 있고, 만족을 모르는 사람은 많이 가져도 가난할 것이다. 인생을 행복하게 만드는 건 많고 적음의 소유에 의한 것이 아니라고 생각한다. 자족할 줄 아는 지혜이다. 남들이 보잘 것 없다고 할지라도 내가 만족하면 삶이 부자가 되고, 행복해질 것이다.

취미생활

너무 앞만 보고 달려왔다. 오십 줄에 들어서니 이제야 참 재미없는 삭막한 인생을 살고 있는 게 아닌가 하는 생각이 들었다.

어느 날, 회사 동료가 색소폰을 배우고 있는데 함께 배워보지 않겠냐고 넌지시 운을 띄웠다. 평소 음악감상과 노래부르기는 좋아했지만 악기연주를 배워야겠다는 건 꿈도 못 꾸고 살았었는데…… . 갑자기 색소폰을 멋들어지게 부는 노신사를 생각해보니 내 노년이 근사해질 것 같았다.

당장에 레슨을 시작했다. 의외로 음악적인 재능이 숨어 있었는지 레슨받는 날이 기다려지고 삶에 생동감이 넘쳤다. 진작에 일만 하지 말고 취미생활로 여유도 가져볼걸 하는 아쉬움이 들만큼 행복했다.

지금은 좀 더 욕심이 생기면서 색소폰을 제대로 배워 노후에는 색소폰 연주 자원봉사도 다닐 생각이다.

똑똑해지는
'뚜기' 인성수련법

01 | 터닝포인트를 만드는 '뚜기' 인성수련법

● ● **도덕 점수는 100점인데 도덕적으로 살지는 않는다**

학즉불고學則不固『논어』 '학이편'에 나오는 말이다. 배우게 되면 굳어지지 않는다는 뜻이다. 가슴에 와 닿는 말이다. 사람은 배우지 않게 되면 나이에 상관없이 고루해진다. 그래서 평생교육이 중요하다. 그러나 잘못 배우게 되면 도리어 돌덩어리처럼 딱딱하게 굳어진다.

요즘 청소년들을 만나면 생각이 유연하지 않다는 느낌이 든다. 청소년답지 않게 너무 세속적이다. 꿈을 물어보아도 세속적인 시류에 영합한다. 속된 말로 돈을 너무 밝힌다. 자세히 들여다보면 청소년들의 생각은 곧 부모와 교사의 고정관념이 고스란히 스며든 것이다. 이것은 잘못 배우게 되면 고루해진다는 전형적인 사례이다.

또 다른 사례는 맹목적인 지식의 습득이다. 지식은 자기변화를 위한 도구이다. 즉, 배우게 되면 정신적이든 물질적이든 자기변화가 일어나야 한다. 그러나 현행교육처럼 평가를 위한 배움은 사람을 변화시키지 못한다. 국어, 영어, 수학, 사회, 과학 등 다양하고 풍부한 지식을 쌓는데도 불구하고 자기변화가 없다는 것이다. 즉, input 대비 output 이 없거나 너무 적다. 도덕 점수는 100점인데 도덕적으로 살지는 않는다. 이런 배움의 구조에서는 배우면 배울수록 '아는 체'하는 지식의 고루함에 빠진다.

 배우게 되면 새살이 돋아나야 한다. 하나를 배우게 되면 열을 사용하는 사람이 지혜로운 사람이다. 글로벌시대는 냉혹하다. 무엇이든 대충은 통하지 않는다. 따라서 삶의 근간을 만드는 교육의 틀부터 시대버전에 맞게 다시 짜야 한다.

 그동안 필자와 한국인성소통협회 연구팀이 개발한 '뚜기 5단계 교육모형'을 소개해본다.

	기존교육	뚜기교육
교육목적 (핵심가치)	물질경쟁, 가치서열, 약육강식	존재실현, 가치평등, 서로살림
교육목표	지식과 기술습득	인성역량, 창의역량, 소통역량
교육방법	교사중심, 평가중심, 주입식 (學 1단계)	학생 진로중심, 가치 역량중심, 멘토링 (見→學→習→通→誠 5단계 프로세스)
교육결과 (기대효과)	인간성 상실, 소유, 모방, 단절	사람다움, 가치의 선순환, 지적성장, 영혼의 자유

['뚜기' 교육론]

 '뚜기 5단계 교육모형'은 교육의 출발을 '인성'에 두었다. 기존교육은 '지식'에 중심을 두다 보니, 주도성을 통한 자기변화에 한계가 있었기 때문이다. 그렇다고 해서 지식을 등한히 해서는 안 된다. 지식은 '인성'을 회복하고 키우는 훌륭한 도구이다. 기존교육은 도구를 도구로 인식하지 않았던 것이 문제이다.

공부의 축이 달라지면 자연히 공부의 방법도 달라져야 한다. 기존의 '지식' 중심교육에서는 지식의 재생산과 효율적 습득이 목적이었다. 따라서 공부의 방법은 주입식 반복훈련을 통한 기억법에 의존했다. 그러나 '인성' 중심교육에서는 공부하는 사람의 본성本性을 발견하고 계발하는 것이 목적이다. 따라서 이 관점은 공부하는 사람이 주체가 되어 인식주관의 변화흐름을 살피는 공부법이 필요하다.

단계	프로그램	주요내용
1 - 견(見)	봄뚜기	자기본성을 살핀다
2 - 학(學)	알뚜기	자기본성을 깨닫는다
3 - 습(習)	흥뚜기	자기본성을 익힌다
4 - 통(通)	한(하나)뚜기	자기본성으로 세상과 소통한다
5 - 성(誠)	꿈뚜기	자기본성을 삶에서 실현한다

[뚜기 5단계 교육모형]

그 변화의 흐름을 5단계로 구분하면 다음과 같다. 1단계는 견見이다. 자기본성을 관찰하는 단계이다. 현대인들은 과학문명의 발달로 인하여 감각이 둔화되고 있다. 감각의 둔화는 살피는 능력의 저하를 초래한다. 따라서 자신을 둘러싼 안과 밖을 살피는 훈련을 통하여 감각을 키우는 공부가 필요하다.

2단계는 학學이다. 자기본성을 깨달아가는 단계이다. 3단계는 습習이다. 깨달은 본성을 스스로 익히는 단계이다. 4단계는 통通이다. 익힌 것을 세상과 소통하는 단계이다.

마지막으로 5단계는 성誠이다. 자기본성을 이루는 단계이다. 1단계부터 4단계까지 과정에서 배우고 익힌 것을 삶에 그대로 실현하는 공부를 완성해가는 마무리단계이다.

'뚜기 5단계 교육모형'은 사람을 긍정적으로 변화시킨다. 자기본성을 밝게 밝히는 공부법이기 때문이다. 처음에는 다소 복잡하고 어려워 보이지만 사용하면 할수록 자기존중의 에너지가 충만해지는 것을 느낄 것이다. 기존의 공부는 5단계 가운데 2단계의 學에서 그쳤다. 고수가 되려거든 5단계에 도전하라.

나는 활발하지도 않고 공부도 잘하는 아이가 아니었다. 더욱이 선생님과 친하지도 않았기에 선생님의 관심을 받고 있다는 느낌을 받지 못하였다. 그런데 초등학교 6학년 때 담임선생님이 상담도 해주고 개인적으로 힘든 일에도 관심을 가져주며, 성적이 조금만 올라도 잘했다고 칭찬과 격려를 해주는 등 관심을 가져주었다.
그 뒤로 나는 더욱 자신감을 가지게 되었고 꿈에 대해 생각해 볼 수도 있었고 공부도 열심히 하는 계기가 되었다.

저는 원래 고지식한 면이 있는 사람이었습니다. 저만의 기준을 가지고 그 기준에서 맞으면 옳은 것이고 맞지 않으면 잘못된 것이라는 생각을 했습니다. 친구들을 사귈 때에도 그러한 기준으로 사귀고 기준에서 벗어난 친구들과는 만남을 피하는 삶을 살았습니다.
어느 날, 어쩔 수 없이 저와 정말 맞지 않는 사람과 6시간을 같이 지낼 상황이 생겼습니다. 그런데 그 사람과 대화를 하면서 나의 기준에 맞지 않는 것이 잘못된 것이 아니라, 그저 다른 것이라는 생각이 드는 것이었습니다.
이후 다른 사람들을 제 기준을 맞추는 것이 아니라, 각기 다른 기준을 가질 수 있다는 것을 인정하면서 새롭게 이해하는 계기가 되었습니다.

학교 프로그램을 통해 월평복지관에서 2개월간 직장체험을 한 적이 있었다. 개인적으로 봉사활동을 해보고 싶었는데 좋은 기회를 얻어서 진정한 의미의 봉사라는 걸 해본 것이다.
자폐성 장애 아동들이 대부분이었는데 이 아이들을 돌보기 위해선 꾸준한 인내심과 장기적인 관심이 필요했다. 수저를 들고 펜을 집는 단순한 행동을 가르치고 돌보면서 아이들이 조금씩 변화하는 모습을 통해 사소한 기쁨을 느꼈다.

2006년 대학입시에서 불만족스런 결과로 재수를 선택하게 되었습니다. 월드컵으로 세상이 들떠 있던 무더운 여름에 충남의 한 작은 산사에서 재수를 하며 주지스님에게 내면을 바라보는 방법을 기도와 참선을 통해 배웠습니다.
또한 앞으로의 진로와 공부의 방향과 더불어 예의범절을 배웠습니다. 되돌아보면 지금의 이 힘은 그 당시 고민하고 노력했던 결과입니다.

02 | 견〔見〕 -
인성을 살피는 봄뜨기 단계

출근길 지하철은 매우 혼잡하다. 대부분의 사람들이 손에는 스마트
폰을 들고 귀에는 이어폰을 꽂고 있다. 액정화면을 보며 쿡쿡 웃기도
하고 게임을 하는지 손놀림도 바쁘다. 화면에서 잠시도 시선을 떼지
못한다. 심지어 전철에서 내려 출구를 빠져나가면서, 길을 걸으면서
까지 시선을 스마트폰에 고정시킨 사람들도 있다. 사람과 사람이 눈
을 마주칠 겨를이 없다.

가끔, 전철에서 이어폰을 끼고 음악을 듣는 사람들 중에 주위사람들
에게까지 들릴 정도로 볼륨을 높이고 듣는 경우가 있다. 옆 사람들은
여간 신경이 쓰이는 게 아닐 수 없다. 참다못해 기관사에게 볼륨을 조
금 낮추어 달라고 안내방송을 요청하기도 한다. 하지만 방송을 해도
정작 그 방송을 들어야 할 당사자는 이어폰을 꽂고 음악에 도취되어
안내내용을 듣지 못하는 상황인데…….

사람들은 점점 더 가상세계에 빠져들고 있다. 오감을 활용한 일상의
대화는 카톡 하나면 심플하게 해결된다. 볼거리, 먹을거리, 입을거리,

놀거리, 공부거리마저도 가상의 공간에서 더 쉽고 편리하게 해소한다. 가상의 세계는 자유의 세계다. 무한히 넓고 커서 통제가 불가능하다. 인간은 원초적으로 간섭받기를 싫어한다. 그래서 인간과 사물의 물리적 충돌에서 벗어나 나만의 공간여행을 즐길 수 있는 곳을 찾는다. 가상세계의 발견은 인류역사에서 불의 발견만큼이나 커다란 사건이다.

좋은 것은 나쁜 것과 동행하는 법이다. 가상세계는 인류에게 자유와 편리라는 선물을 안겨다 주는 대신, 감각을 퇴화시키는 병을 함께 준다.

대표적인 감각기관은 시각이다. 청각, 후각, 미각, 촉각보다 인식의 범위와 속도가 가장 넓고 빠르기 때문이다. 가상세계의 발달은 시각의 사용범위를 제한한다. 액정화면에 시선을 두는 만큼 현실세계를 들여다보는 시각의 활동은 줄어든다. 사람과 사람이 시선을 마주치는 느낌도, 재래시장에서 이 물건, 저 물건을 찬찬히 들여다보는 여유도, 걸을 때 좌우로 펼쳐지는 공간구도를 살피는 즐거움도, 땅과 자연과 하늘을 바라보며 과거, 현재, 미래를 설계하는 상상의 나래를 펼쳐보는 기쁨도 점점 더 줄어든다.

감각의 퇴화는 가장 가까이에 있는 자기 자신을 보지 못하게 하는 병으로 발전할 수 있다. 자기가 하는 말을 자신이 알아듣지 못해서 괴로워진다. 다른 사람들의 행동이 마음에 들지 않아 눈에 거슬려 하면서도, 정작 자기행동은 잘 보지 못한다. 또한 자기 몸에 이상이 생겨도 알아차리지 못한다. 결국 감각의 퇴화는 소통의 부재를 가져온다. 감각이 닫힌 사람은 불쌍하다. 삶의 맛을 잃어버리기 때문이다.

감각을 살리고 세상과 소통하려면 나를 제대로 관찰하고 사용하라. 라마르크의 '용불용설'처럼 감각도 사용하지 않으면 퇴화한다. 두 눈을 크게 뜨고 가장 가까이에 있는 자기를 다시 살펴보아라. 그 속에서 또 다른 나를 발견할 수 있을 것이다. 그리고 옆 사람의 행동거지를 애정으로 꼼꼼히 들여다보아라. 밉던 행동도 보고 또 보면 친근해지는 묘한 정을 느낄 수 있을 것이다. 두 귀를 쫑긋 세우고 사물과 세상의 소리를 들어보아라. 서로 다른 것들이 모여 하모니를 연출하는 아름다움의 소리가 들릴 것이다. 코로 대지에서 품어내는 각종 향기를 맛보아라. 좋은 향기와 나쁜 향기의 조화를 경험하게 될 것이다. 혀로 만물의 특징을 음미하고, 피부로 사람과 자연과 우주를 잇는 기운을 느껴보아라. 만물은 서로 돕고 응원하는 한 덩어리임을 체득하게 될 것이다.

(Ⅱ) 내 인생의 터닝포인트는?

"미술 교사는 어때?"

고3 때, 디자인과를 가기 위해 나름 준비는 하고 있었지만, 어찌된 일인지 의욕도, 흥미도, 자신도 없어지면서 슬럼프에 빠져 있을 무렵, 담임선생님께서 "미술 교사는 어때?" 하고 물어보셨다. 예전엔 '무슨 선생님이야!' 하고 선생이란 직업에 별 매력을 못 느꼈었는데 다시 생각해보니 이만큼 보람 있고 좋은 직업도 없을 것 같았다.

세상에는 다양한 직업들이 있지만 누군가를 성장하게 하고, 변화시킬 수 있는 선생님이란 직업은 정말 좋은 것 같다. 대학교 2학년인 지금 나는, 정말 열심히 선생님이 될 준비를 하고 있다.

초등학교 5학년 때, 예전 담임이었던 선생님께서 암 판정을 받고 병원 생활을 하신다는 소식을 듣고 편지를 보내드렸습니다. 편지를 읽은 선생님은 병원의사들의 생활 모습을 적어주시며, 제가 꿈꾸고 있는 의사라는 꿈을 꼭 이루었으면 좋겠다는 글과 함께 『명혜』라는 책을 보내주셨습니다. 저는 그 책을 읽고 '명혜'라는 주인공이 어려운 상황 속에서도 진정성과 열정으로 의사의 꿈을 이루어가는 과정을 따라가며 큰 감동을 받았습니다.

이 일을 계기로 막연했던 제 꿈에 대해 확신을 가지게 되었으며, 꿈을 눈앞에 생생하게 그려보며 노력하게 되었습니다.

초등학교 시절 나는, 공부나 리더십 등 모두 그저 그렇고 그런 학생이었다. 그런데 6학년 때, 전교회장에 출마를 하게 되었다. 그리고 쟁쟁한 7명의 다른 출마자들을 제치고 당당하게 회장이 되었다.

그때 나는 커다란 자신감을 얻었다. 나도 크게 될 수 있다는 자신감. 이때부터 나의 꿈과 목표는 더욱 구체화되었다. 회장을 하면서 학교의 큰 행사 진행과 여러 선생님들의 직접적인 지도를 받은 경험 등은 나의 시각을 넓혀주었다.

내게 전교회장 당선은 더욱 열심히 목표를 향해 나아갈 수 있는 터닝포인트가 된 것 같다.

우연히 TV에서 본 윤영희 의사 선생님의 수술 장면은 내게 잊지 못할 강렬한 깨우침을 주었다. 그때 나는 장래의 직업에 대해서, 미래에 대해서 아무런 생각이 없는 중학생이었다. 하지만 환자의 고통을 위해 최선을 다해 치료하는 의사 선생님의 모습은 너무 경이로워 내 모습을 돌아보게 했다.

윤 선생님은 우리나라 최초의 망막관련 분야의 여의사로 국내외에서 실력을 인정받는 분이라고 한다.

마냥 즐겁게 노는 것이 삶의 목표였던 나에게 환자의 고통을 멈추게 하고 생명을 살리는 그 모습은 내 인생의 중요한 터닝포인트가 되었다. 이후 나도 누군가를 위해 따뜻함을 선사해주는 의사가 되고 싶다는 꿈을 가지게 되었다.

03 | 학〔學〕 - 인성을 바로 알아가는 알뚜기 단계

 미래의 학교는 어떤 모습으로 변화할까? 전자교과서와 전자칠판 그리고 전자운동장 등 모든 것이 전자시스템으로 변화되는 것은 자명하다. 학습이나 활동에 대한 평가 역시 전자평가가 도입될 것이다. 그렇다면 교사는 무슨 역할을 해야 하는 걸까? 적어도 지금처럼 지식과 기술을 가르치고 평가하는 역할은 아닐 듯싶다.

 사실 예나 지금이나 교육의 본래 목적은 크게 다르지 않다. 다만 본래에서 벗어난 모습이 다르게 보일 뿐이다. 교육은 자기본성을 발견하고 계발하며 사회에 자기를 실현하는 것이 한결 같은 목적이다. 그렇다면 미래학교의 교육시스템이 아무리 변화된다 하더라도 교사의 역할은 달라질 게 없다. 문제는 현재의 교사역할이다. 현재 진행하고 있는 지식기술의 전달과 평가가 자기실현이라는 본래의 목적에 부합하는가이다.

 교육문제는 단순히 교사만의 문제는 아니다. 교육은 국가이념과 사회구조 그리고 국민의식 등 그 시대상의 종합이다. 그래서 교육개혁

이 가장 어렵다. 그렇다고 누군가가 나서서 해결해줄 때까지 마냥 기다리고 있을 수만은 없다. 이 순간에도 교육은 진행 중이며, 그 책임은 고스란히 각자의 몫으로 남는다.

　최종적으로 교육은 교실에서 교사와 학생이 풀어나가는 것이 정답이다. 그들 간 역할이 교육의 결과물이기 때문이다. 그렇다면 무엇으로 어떻게 풀어볼 것인가? 그것은 교수법의 전환이다. 가르치고 배우는 방법을 시대에 맞게 바꾸는 것이다. 지식과 기술은 원래부터 자기실현의 도구일 뿐이다. 그 도구의 전달은 앞으로 전자시스템이 그 배턴을 이을 것이다. 따라서 교사는 전자시스템이 하지 못하는 역할을 해야 한다.

　그 역할을 주도적으로 찾기 위해서는 '인식구조'를 이해해야 한다.

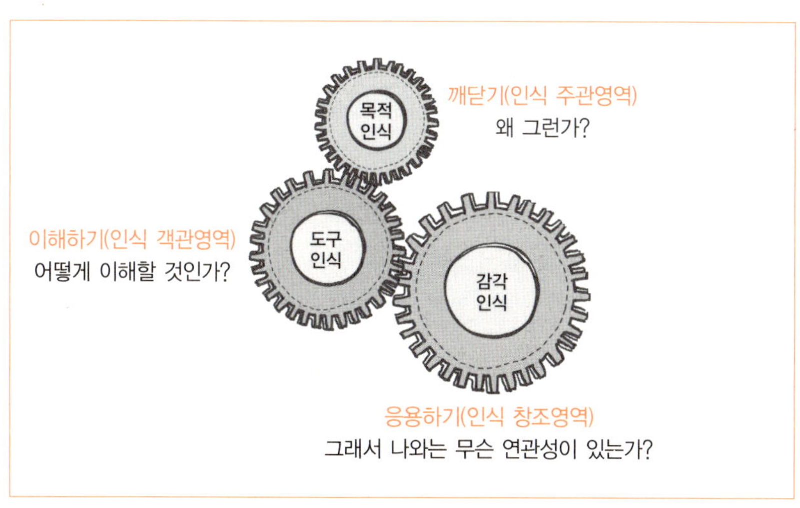

[인식구조의 이해]

인식구조란 앎을 보다 명료화하기 위해 목적인식과 도구인식 그리고 감각인식으로 구분하였다. 목적인식이란, 지식과 현상에 대하여 스스로 자문을 통하여 '왜 그런가?'를 깨닫는 영역을 말한다. 이 영역은 지식의 양을 중시하였던 기존교육에서 등한했던 부분이다. 하지만 목적인식은 주도력과 동기를 부여하는 인식의 중요한 영역이다. 이 영역을 기르기 위해서는 지식을 수용하거나 사물을 대할 때 '왜 그런가?'에 대한 자문자답을 구하는 훈련이 필요하다. 가령 '사람은 약속을 잘 지켜야 한다'라는 교훈적인 이야기를 들었다고 하자. 이때 그 말을 맹목적으로 받아들이지 말고 '사람은 왜 약속을 잘 지켜야 하는 걸까?'라고 다시 자문해서 '아하, 그래서 그랬구나!'라는 해답을 구하라는 이야기다.

그리고 도구인식은 기존교육에서 중요하게 다루었듯이 그 지식을 객관적으로 수용하는 영역이다. 도구인식을 잘 하기 위해서는 개념이해와 추론적 사고 그리고 무엇보다도 반복훈련이 중요하다. 다른 사람의 경험과 이론을 수용하는 영역이기 때문이다.

마지막으로 감각인식은 깨달음의 지식을 창조적으로 사용하는 영역이다. 인간은 교육을 통하여 성장 발전한다. 성장발전이라 함은 물질적이든 정신적이든 사람다움의 기준에서 볼 때 더 나아짐을 말한다. 감각인식은 역사의 주체로서 기존의 지식과 기술을 넘어서려는 도전의지의 영역이다.

이 관점에서 보면 교사는 과거에는 도구인식에만 매진했다. 그러나 그 도구인식은 앞으로는 전자시스템의 몫이다. 따라서 미래교사는 목

적인식과 감각인식에 더 무게를 두는 역할을 해야 한다. 이 3단계 인
식구조 교수법은 교사와 학생이 서로 성장하는 교육모델이다.

(Ⅲ) 내 인생의 터닝포인트는?

중학교 2학년 때, 사진전을 관람한 적이 있다. 전시된 사진들을 보면서 지구상에 아프리카와 같은 빈국의 막막한 현실을 피부로 느끼게 되었으며, 전쟁으로 황폐해진 땅에 슬픈 어린 아이들의 눈동자를 통해 전쟁의 비극을 생생하게 읽을 수 있었다.

요즘 갈수록 환경문제가 큰 이슈인데 「남극의 눈물」과 같은 다큐멘터리를 보며 다시 한 번 지구온난화와 환경오염에 대해 생각해보았다.

그러면서 나는 중학교 1학년 때부터 해왔던 환경기자단 활동에 더욱 관심을 가지게 되었다. 그리고 PD가 되고 싶다는 꿈도 가지게 되었다. PD가 되어 이러한 문제들에 대한 프로그램을 만들어서 사람들에게 환경문제들을 개선시키고 싶다.

게임을 무척 좋아한다. 게임에 몰두할 때는 배고픈 것도 모를 정도로 몰두한다. 친구가 밖에서 놀자고 불러내도 게임하는 게 더 좋아 바쁜 일이 있다고 핑계를 대기 일쑤이다. 한번은 친척분들과 일본여행을 가서까지 게임에만 빠져 있다가 따끔한 충고를 들어야 했다.

그러다 주변의 나에 대한 관심과 노력으로 내가 얼마나 심각한 문제가 있는지 조금씩 깨닫고, 스스로의 의지로 게임을 끊을 수 있었다. 그랬더니 주위를 더 잘 관찰할 수 있게 되었고 집중력도 좋아졌다. 게임을 끊고 새로운 눈으로 주변을 보게 된 것이 나의 터닝포인트라고 할 수 있겠다.

필리핀에 봉사활동을 다녀온 일이 내 인생의 터닝포인트이다.

필리핀에서 정말 생활형편이 어려운 낙후된 동네로 봉사활동을 갔었다. 그런데 그곳 아이들이 고작 사탕 하나에 정말 기뻐하는 모습을 보면서 '진짜 나는 풍족하게 살고, 편안하게 살고 있구나.'라는 생각이 들었다. 매일 짜증을 냈던 내가 후회스러웠고 창피했다. 정말 열심히 살아야겠다는 생각이 들었다.

중학교 3학년 때 병환으로 아버지가 돌아가셨다. 평상시 아버지는 바람 같은 존재로 그 당시 부모로서의 무게를 크게 느끼게 하지 않던 분이었지만 막상 아버지의 죽음은 내 인생의 전환점이 될 만큼 힘든 일이었다. 대학생인 언니, 오빠의 뒷바라지로 고생하는 엄마를 지켜보며 나는 상고를 선택했다.

스스로 내린 결정이었지만 마음은 너무나 서글펐다. 단 한 명의 멘토도 없는 고등학교 생활에서 나는 인문계에 진학한 친구들에게 지지 않기 위해 이를 악물고 공부했다.

도전하고 도전했던 시간들이 쌓여 지금의 내가 여기에 있다. 역경을 빛나는 경력으로 만들었던 소중한 나의 인생이라고 생각한다.

04 | 습〔習〕 -
인성을 회복하는 흥뚜기 단계

●● 선택은 그 사람의 능력이며 얼굴이다

인생은 선택의 연속이다. 작게는 먹는 것에서부터 크게는 직업과 배우자의 선택에 이르기까지 시시각각 판단과 선택의 기로에 직면한다. 그 선택의 기준은 선善이다. 선은 사람마다 자신이 살아오면서 터득한 앎과 경험, 그리고 믿음을 근거삼아 중요하다고 판단하며 걸어온 길이다. 그래서 한 사람의 선은 그 사람의 종합이며 얼굴이다. 선은 선택에 따라서 변한다. 동일한 상황이라도 A의 길을 선택하면 A라는 선이 생기며, B의 길을 선택하면 B라는 선이 생기게 된다. 그러므로 인성교육은 자신이 걸어온 길, 즉 선을 돌아보고 바른 길을 모색하는 데그 목적이 있다.

머릿속에 들어있는 지식이라 하더라도 자기가 판단하고 선택하여 선으로 드러내지 못한 것은 냉정하게 말하면 자기 것이 아니다. 다른 사람의 경험이 잠시 뇌에 기억되어 있을 뿐이다. 따라서 지식과 정보를 수집하려고만 하지 말고 저장되어 있는 것을 하나하나 꺼내어 반추해야 한다. 반추운동, 이것이 '습習'이다. 그런데 '학學'을 했으면 반드시

‘습’으로 이어져야 한다. 그러나 그것은 말처럼 쉽지 않다. ‘습’은 자기 내면의 가치선택이 동반되기 때문이다. 따라서 학문을 하는데 있어서 ‘습’의 고유영역을 인정하고 그 영역까지 가르치고 배우는 교육모형이 필요하다. ‘습’의 영역을 위해서는 ‘가치판단구조’를 알아야 한다.

step 1 기호 가치판단	step 2 비교 가치판단	step 3 정의 가치판단
좋다, 싫다 주로 감각에 의존 개체입장(나)	낫다, 못하다 주로 이성에 의존 집단입장(너)	옳다, 그르다 주로 본성에 의존 전체입장(우리)

[가치구조의 이해]

가치구조 이론은 선善을 돌아보는 기준을 3단계로 체계화하였다. 1단계는 기호 가치판단이다. 주로 ‘좋다’와 ‘싫다’로 판단하는 단계인데 개체(나)입장을 중심에 둔다. 이 판단은 감각에 의존하므로 변덕이 가장 심한 영역이다. 이 판단의 영역은 존중되어야 하지만, 이 판단에 머무르지 말고 다음의 2단계 판단까지 넘어가야 한다. 2단계는 비교 가치판단이다. 이것은 ‘낫다’와 ‘못하다’로 판단하는 영역으로 상대와 집단(너) 입장에 서게 된다. 비교 가치판단은 주로 이성에 의존하며 방법을 찾는 영역이기도 하다. 이 판단의 영역 역시 존중되어야 하지만 다음의 3단계판단까지 확장하여야 한다. 3단계는 정의 가치판단이다. ‘옳다’와 ‘그르다’를 분별하는 영역으로 전체(우리)입장을 옹호한다. 이 판단은 본성과 양심 그리고 직관에 의한 판단으로 기호판단과 비교판단보다는 상위판단 영역이다. 즉, 어느 상황에 대해서 판단을 내릴 때에는 기호 가치판단과 비교 가치판단 그리고 정의 가치판단을 모두 고려하여야 균형 잡힌 판단을 할 수 있다.

삶은 복잡하게 얽혀 있어서 대개 위의 3단계 판단을 두루뭉술하게 적용하며 선택한다. 그러다 보니 자신의 선(善)을 점검하는 기준을 잃어 버려 시류의 판단에 따라가는 경우가 많다. 또한 '학(學)'은 쉬지 않고 진행되는 데 반하여 가치판단의 영역에서는 현실과 지식 사이의 혼란 으로 지체되어 '습(習)'으로 넘어가지 못하고 있다. 따라서 '학'과 '습' 의 관계를 다시 정의하고 일상생활에서 벌어지는 일들을 위에서 제시 한 3단계 가치판단을 기준으로 적용하는 체계적인 훈련이 필요하다.

칭찬

예전에 근무했던 지점에서 C.S 교육시간이 있었다. 아침 시간을 이용한

20분 정도의 교육이었는데, 재미있게 해보려고 노력했다. 그때 함께 일하던 과장이 나에게 "강의에 소질이 있는데 이쪽으로 재능을 키워봐."라고 칭찬해 주었다. 여상 졸업 후, 농협에 입사해 평범한 은행원의 삶을 살다 퇴직할 거라 생각했던 나에게 그 얘기는 큰 도전으로 다가왔고 '언젠가는 대학에서 강의해 보리라.'는 꿈을 꾸게 됐다.

올해 나는 사회교육원에 입학했고 10년 전에 이미 꿈꾸었던 강사가 되었다.

정직

고등학교 2학년 때 가사 실기시간에 제출해야 하는 과제물이 있었다. 실기평가는 늘 필기시험 기간과 겹쳐 있었고 우리는 당연히 시간이 부족했다. 과제물은 매듭으로 책꽂이를 만들어 가는 것이었는데, 필기시험 공부로 바빴던 나는 엄마에게 부탁을 했다. 엄마는 손재주가 없었는지, 아님 일부러 그랬는지 모르겠지만 내 실력보다 훨씬 수준 이하였다. 나는 할 수 없이 그 매듭을 다시 풀었다.(사실 매듭짓는 것보다 푸는 게 더 시간이 걸림) 그리고 밤을 꼬박 새며 완성했다. 그런데 완성된 매듭은 손때가 묻어 꼬질꼬질해져 버린 것이 아닌가. 선생님에게 검사를 받는데, 너무 꼬질꼬질해서 아무래도 점수가 좋지 않을 것이라는 생각을 하고 있었는데 의외로 선생님은 A+을 주었다. 한참 동안을 생각했다. 깨끗하지도 않은 과제물을 왜 최고 점수를 주었을까? 아마도 선생님은 '꼬질꼬질'함의 이야기를 아신 것 같았다. 내가 힘들게 과제의 완성도를 높이려고 다시 풀고 노력한 것을……

큰 깨달음이었다. 앞으로도 정직하게 열심히 살아야겠다는 생각이 들었다.

꿈

그 누구도 나에게 꿈이 무엇이냐고, 무엇을 하며 행복하게 살고 싶은지 물어보지 않았다. 부모님 역시 먹고 사는 일에 매달리느라, 꿈은 먼나라 얘기였다.

나는 이렇게 내 꿈이 뭔지도 모르고 엄마가 되어버렸는데 딸아이에게 "꿈이 무엇이냐?"고 물었더니 딸아이는 "엄마는 꿈은 뭐야?" 하고 되묻는 것이 아닌가. 너희들이 잘 되는 것이라고 말했더니 아이는 "그건 엄마의 희망이고, 욕심이지. 엄마를 위한 것! 엄마 자신의 꿈 말야!" 순간 난 아무 생각이 들지 않았다.

나는 무엇을 향해 나이를 먹어가고, 그 종착역에서는 무엇을 하고 있을까? 아이에게는 당황해서 꿈을 이야기하지는 못했지만, 한 가지는 어렴풋이 하고 싶은 걸 찾았다. '아프리카 봉사' 언젠가는 꼭 가고 싶다. 그리고 또 다른 꿈을 찾아야지. 난 아직도 내 꿈을 찾고 있다.

05 | 통〔通〕- 인성으로 세상과 소통하는 한(하나)뚜기 단계

•• 인성과 소통은 수레의 양 바퀴와 같다

배우고 익혔으면 다음은 써먹어야 한다. '견見', '학學', '습習'이 개인적 차원의 공부라면, '통通'은 사회적 차원의 공부다. 사회적 차원의 공부핵심은 소통이다. 아무리 개인적 차원의 가치가 훌륭하다 하더라도 사회와 함께 갈 수 없다면, 그것은 반쪽의 가치이다. 진정한 자기실현은 사회가 무대이기 때문이다. 그 무대가 넓을수록 자기 삶의 지평이 커지는 것은 당연하다. 따라서 글로벌시대는 소통의 범위를 확장하는 교육이 절실히 필요하다.

그런데 우리 현실은 소통의 부재 사회이다. 가장 큰 원인은 인성이 메말라 있기 때문이다. 사람과 사람은 본래 따뜻한 정情의 관계 맺기를 원한다. 그러나 사람을 사람으로 보지 않고 물질적 이해도구로 보는 순간 관계는 거래로 인식되며 그 거래를 마치고 나면 관계는 단절된다. 그렇다면 원활한 소통을 위한 대안은 사람을 사람으로 대하는 인성을 회복하는 데 있다.

그런데 여기서 또 다른 문제에 봉착하게 된다. 인성을 회복하려면 인간다움의 소통을 해야 가능해지기 때문이다. 따라서 인성과 소통은 수레의 양 바퀴로 인식하는 것이 바람직하다. 인성은 소통을 살리고 소통은 인성을 살리는 구조이기 때문이다.

 인성을 살리는 소통을 잘 하기 위해서는 '소통구조'에 대하여 알아야 한다.

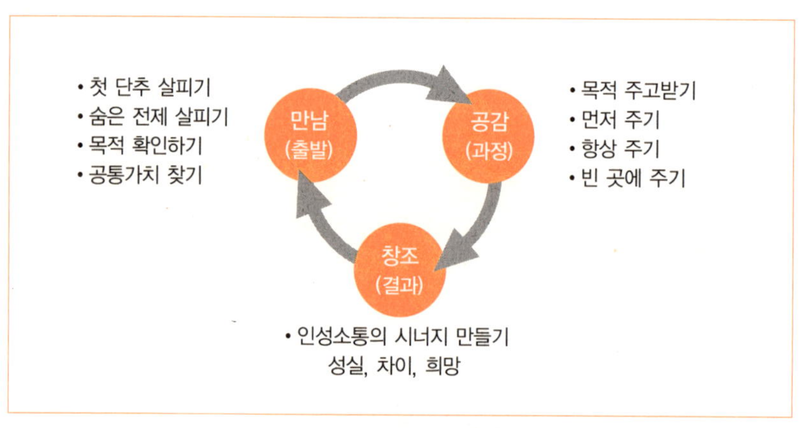

[소통구조의 이해]

 삶의 구조를 단순화해보자. 인간은 태어나서 죽을 때까지 어떤 대상을 만나서 주고받으며 새로운 것을 창조하는 순환구조에서 크게 벗어나지 않는다. 즉 '만남', '공감', '창조'를 반복한다. 이것이 소통구조의 원리이다.

 사람은 누구나 먹을 것과 만나야 하고, 지식과 만나야 하며, 좋든 싫든 다양한 사람들과 만나야 한다. 만나는 순간 물리적이든 심리적이든 무엇인가를 교환한다. 그리고 교환하는 순간 변화와 함께 창조가 일어난다.

그래서 지구상에 있는 모든 존재는 서로 주고받는 필요조건의 생태계를 이루고 산다. 이 생태계의 건강 척도는 소통이다. 개인이든 집단이든 순환이 잘 되어야 새로운 것을 풍부하게 만들 수 있기 때문이다.

소통구조 역시 '만남', '공감', '창조'의 3단계 프로세스로 설명된다. 만남은 시작이다. 따라서 만남은 소통구조에서 가장 중요하다. 출발이 건강해야 과정과 결과도 충실하기 때문이다. '만남'에서 예민하게 생각해야 할 부분은 고정관념을 버리고 항상 백지 상태로 대상과 마주하라는 것이다. 그래야 폭넓게 만날 수 있다. 선입견이 많을수록 대상을 경계하게 되고 그 경계의 수위가 높을수록 다음 단계인 '공감'은 줄어든다.

그러나 이것은 결코 쉬운 일이 아니다. 인간은 경험과 기억에 의존해서 살아가고 있기 때문이다. 특히 과거에 피해의식이 강하게 자리 잡은 사람들일수록 과거의 부정적인 기억으로 사물을 대한다. 모든 것은 변한다. 따라서 매일매일 새로운 눈으로 세상을 맞이할 수 있는 힘을 키워야 한다.

'공감'의 단계에서 중요한 것은 목적을 주고받는 것이다. 아무리 나에게는 유익하고 좋은 것이라도 대상이나 집단의 목적에 맞지 않는다면 공감지수를 높이지 못할 것이다. 그래서 소통의 가장 기본은 만남의 목적을 점검하고 공감의 단계로 넘어가는 것이다.

가령 회의를 주관할 때에도 안건의 목적을 명확하게 합의하고 진행해야 소기의 목표를 도달할 수 있다. 대개 목적을 놓치고 진행하기 때문에 성과 없이 지루한 시간만 낭비하는 경우가 많다. 또한 이 단계에서는 '중용'의 정신이 중요하다. 주고받는 관계에서 타이밍은 적절한지, 주고받은 양은 적절한지 등을 고려해야 공감지수를 높일 수 있다.

마지막으로 '창조'의 단계에서는 서로 빈곳을 찾아 채워주는 것이 핵심이다. 우주만물은 모두 다르게 태어났다. 작은 모래알 하나도 세밀하게 분석하면 다르다. 이처럼 다른 것은 서로가 필요하다는 논리도 성립한다. 서로 달라야 서로 주고받을 것이 성립하기 때문이다. 차가움과 뜨거움, 강한 것과 약한 것, 남자와 여자, 동물과 식물, 다양한 직업, 언어와 인종의 다름 등 저마다 다르기에 소통의 선순환이 가능하다. 소통의 달인은 사회의 빈틈을 잘 살핀다.

(I) 사랑하는 나에게 격려 편지 쓰기

늘 여유 있는 모습으로 생활하길 원하지만 바쁜 일상 속에 주변을 잘 되돌아보지 못하고 생활하고 있구나. 사랑하는 아들, 그리고 남편. 사랑이라는 이름으로 그 예쁜 사람들을 힘들게 하고 있지는 않니? 조금 더 여유를 가지고 진정 가족을 위하는 것이 무엇인지 생각해보렴. 그리고 여태까지 참 잘 해왔어. 대견해. 앞으로 더 잘 될 거야!

해야 할 일도 많고 신경 써야 할 일, 감당해야 할 일도 많지만, 싫다 소리 안 하고, 어차피 해야 할 일이라면 당연히 해야 한다고 받아들이고, 마음 쓰며 상처 입지 않아 대견하다. 앞으로도 겁먹지 말고, 두려워 피하지 말고, 세상 일이 쉬운 일은 없지만 해결하지 못할 일도 없어. 아자아자 파이팅!

어떤 말을 먼저 전해볼까? 요즈음, 일상생활에서 많이 지치고 힘들어 보이는데 잘 견디고 있어서 대견하다고 생각해. 엄마이며, 아내이며, 딸이며, 며느리인 여러 이름을 가진 너. 그 많은 자리의 역할들을 너만의 사랑으로, 자신을 자주 돌아보며 해가 갈수록 멋지게 해냈으면 좋겠어. 또한 매사에 성찰하길 바라고 무엇보다 스스로에게 관대해지렴. 냉철한 이성과 부드러운 감성을 함께 지닌 멋진 사람이 되길 바란다. 정말 사랑한다!

먹고 살기 힘들지 않니? 내가 널 봐도 답답한데 넌 오죽하겠냐. 그래도 잘 할 거라고 믿어. 결혼해서 아들, 딸 낳고 키우면서 재미있게 살려고 노력하고 있지 않나 싶어. 세상사는 게 녹녹치 않아 주어진 기회도 놓치기가 일쑤인데, 그걸 후회로 받아들이지 않고 열심히 사는 모습 참 대견하다. 좀 더 힘내고 애들 보면서 잘 살아. 후훗~~

06 | 성〔誠〕- 인성으로 한마음〔同心〕에 이르는 꿈뚜기 단계

●● 뚜기는 매사에 자신의 영혼을 실어 정성을 다하는 사람이다

인간은 완전한 모습으로 태어날 수는 있어도, 완전한 모습으로 살 수는 없는 존재다. 인류 탄생 이후부터 지금까지 종교가 존재하는 것이 이를 증명한다. 어느 종교를 막론하고 교리는 불완전한 인간에게 완전한 방향을 제시해준다. 완전한 방향을 숙지했지만 일상생활을 하다 보면 늘 괘도를 이탈해 있다. 그래서 인간은 평생을 배우는 것이다. 그 바른 방향을 잃지 않으려 노력하는 것, 그것이 사람의 아름다운 모습이다.

'성誠'은 아름다운 사람의 모습이다. 그래서 '성'은 뚜기다. '뚜기'는 원래 함경남도 방언으로 '어리숙하고 바보스러운 사람'을 뜻한다. 현실은 겉 지식과 기술위주의 경쟁교육에 치우쳐 사람다움의 가치가 상실되고 있다. '뚜기'는 시류에 영합하지 않아 바보처럼 보이나 혜안을 가지고 미래를 묵묵히 준비하는 큰사람을 상징한다. 뚜기는 자신의 일거수일투족을 살피는 사람이다. 뚜기는 주도적으로 깨닫기에 게으르지 않은 사람이다. 뚜기는 말과 행동이 일치하는 사람이다. 뚜기는 모든 것과 하나 되려고 노력하는 사람이다. 뚜기는 사람다움의 본래 모습을 최고의 가치로 여기는 사람이다. 뚜기는 매사에 자신의 영혼을 실어 정성을 다히는 사람이다.

지금 인류 역사는 뚜기를 원하고 있다. 잔꾀와 경쟁 그리고 착각이 난무하여 사람다움의 방향을 상실했기 때문이다. 그 방향을 잃어 얼이 빠진 개인이나, 집단은 악역의 주인공들이다. 그들은 환경을 탓하지만 냉정하게 말하면 그 악역의 환경을 즐기는 사람들이다. 역사는 정직하다. 역사는 악역을 즐기는 사람들에게 반성의 시간을 줄 뿐, 그들을 역사의 주인공으로 받아주지는 않는다. 따라서 21세기 글로벌시대를 이끌어나갈 뚜기를 양성해야 한다. 그 뚜기 양성은 대한민국이 적임자이다.

요즘 K-POP 열풍으로 잠잠해진 한류가 다시 고개를 들고 있다. '대장금', '겨울연가' 등 드라마를 통한 한류가 동북아시아와 동남아시아를 거쳐 중동까지 확산되었다면 K-POP은 그 여세를 몰아 프랑스를 중심으로 유럽까지 흘러들어가고 있다. 이 열기는 대한민국 전반에 걸쳐서 새로운 활력을 주고 있다. 공교롭게도 그동안 꽉 막혀 있던 교육계도 한류의 바람을 타고 새바람이 불고 있다.

최근 교육계는 '창의인성' 교육으로 뜨겁게 달아오르고 있다. 기존의 '지식달인' 교육은 소셜네트워크 사회구조에서는 더 이상 경쟁력이 될 수 없다고 판단했기 때문이다. 즉, 글로벌시대는 인간본성을 바탕으로 한 창조적 가치를 발휘할 수 있는 인재가 필요하다는 사실을 인식하고 그에 맞는 새 교육모델연구에 관심을 보이기 시작한 것이다.

한류열풍과 창의인성교육, 언뜻 보면 무관해 보여도 그 속을 들여다보면 한줄기의 맥을 잡을 수 있다. 그 맥은 '소통'이다. 소통은 상호작용을 통해 공감을 창조하는 사회예술이다. 한국의 드라마와 한국의 가요가 세계인들과 어우러져 새로운 하나를 만들어가는 것이 한류이다. 그렇게 보면 한류 속에는 소통의 강력한 에너지가 들어 있다고 할 수 있겠다.

  그렇다면 '창의인성'에는 어떤 소통의 요소가 있을까? 그것은 한국의 인성이다. 5천년을 이어온 한국인의 유전자 속에는 인류와 소통할 수 있는 비밀의 가치가 들어 있다는 이야기다. 포용의 가치, 융합의 가치, 열정의 가치 이것이 인류와 하나 될 수 있는 소통의 킹핀이다. 따라서 한국의 인성은 곧 글로벌 소통의 힘이라 말할 수 있다. 이 불씨를 잘 살려 대한민국의 교육이 21세기 글로벌교육의 모델이 되어 교육의 한류를 이끄는 그날이 오기를 꿈꾸어 본다.

(Ⅱ) 사랑하는 나에게 격려 편지 쓰기

안녕? 언제나 네 꿈을 찾아 헤매고 있으면서 놀기만 좋아하고, 그러다 어느 순간엔 후회하고 있는 네가 참 볼품없다고 느껴졌어. 하지만 필리핀에서 너란 존재가 행복할 수도 있구나 싶어서 참 좋았다.

어디서나 후회할 짓은 하지 말자. 말도 행동도 그걸 가지고 사람들이 뭐라 해도 나중에는 그 사람들이 미안해할 거야. 그러니 네 삶을 후회하지 않도록 해.

사랑하는 소정아! 항상 실패하지만 노력하는 너는 삶의 승리자야. 늘 깨어서 노력하는 너는 멋져! 아무리 어려운 일이 있어도 씩씩하게 달려가자. 환경에 굴하지 말고 앞으로 가자.

그동안 평범한 삶이지만 열심히 살아오느라 고생했다. 이젠 삶을 여유롭게 되돌아볼 수 있는 시간을 갖길 바란다.

이 교육을 받으면서 가장 가슴에 남는 것은 내 삶에 이벤트가 필요하다는 것을 깨달은 거야. 각 과목을 들을 때마다 그동안 내가 너무나 평범한 그런 하루하루를 생활한 것 같다는 거야. 이제 나도 내 삶에 멋진 이벤트를 열어주고 싶다.

지독한 사춘기를 겪으며 학교를 포기하고 싶고, 자살을 생각했던 고등학교 시절. 방황은 했지만 마음을 잘 잡아줘서 고마워.

결혼을 하고 수많은 어려운 고비들 지혜롭게 넘기고, 참고 기다려줘서 고마워. 너는 앞으로도 잘 할 수 있을 거야. 언젠가는 너의 시대, 김성옥의 시대가 올 거야!

글로벌 시대 꼭 갖추어야 할 핵심 역량가치 15가지

01 | 인성역량

●●성실 – 재주는 사람이 판단하지만 성실은 역사가 판단한다

 감동을 주는 이야기는 살맛나는 에너지다. 사람은 사람다움의 가치를 일깨워 줄 때 감동을 느낀다. 감동을 느끼는 순간만큼은 사람다움의 가치와 하나 된 상태이다. 그래서 감동은 인성을 회복시켜주는 보약이다. 사람다움의 가치 가운데 최고의 가치는 무엇일까? 그것은 아마도 '성실誠實'일 것이다. 이것은 평범한 가치이면서도 삶에서 가장 광범위하게 적용되기 때문이다. 그러나 누구나 알고 있지만 실천하기는 매우 어려운 것 가운데 하나이다.

 성실은 '정성을 다해 결실을 이루는 것'이다. 매사에 정성을 다한다는 것은 쉬운 일이 아니다. 정성을 다했어도 결실을 이루기가 쉽지 않다. 결실을 이루기 위해서는 사안마다 목적을 명확하게 알고 그 일이 성사될 때까지 정성을 기울여야 한다. 그래서 성실의 덕목은 흥망의 기준이 된다. 개인이든, 집단이든 국가든, 민족이든 성실의 정도가 흥망성쇠를 가른다.

 재주꾼이 주도하는 사회는 수명이 짧다. 그런데도 우리 사회는 재주꾼을 우대하는 경향이 있다. 눈에 보이는 성적과 단기간의 실적 등 계

량화된 지표를 더 중요시한다. 그러나 현명한 사회는 그 지표 뒤에 숨어 있는 성실의 가치를 소중하게 여긴다. 그것이 전체적으로 보면 더 이익이라는 것을 알기 때문이다.

성실하다고 해서 반드시 공부를 잘 하는 것은 아니다. 하지만 성실한 학생은 공부에 있어서 불성실한 학생보다는 더 전망이 있다. 성실하다고 해서 반드시 돈을 잘 버는 것은 아니다. 하지만 성실한 사람은 돈은 잘 버는 데 있어서 불성실한 사람보다는 더 성장 가능성이 높다. 성실하다고 해서 반드시 승진이 빠른 것은 아니다. 하지만 성실한 사람은 불성실하면서 승진을 빨리한 사람보다는 더 희망적이다. 재주는 사람이 판단하지만 성실은 역사가 판단하기 때문이다.

성실을 소중하게 여기는 사람은 정신이 맑다. 주위 환경이 복잡해도 자기의 소임을 잃지 않는다. 자기존재 이유를 알기 때문이다. 그래서 성실을 기르고 실천하기 위해서는 자기중심을 먼저 세워야 한다. 귀가 얇은 사람은 주위환경에 휘둘리기 쉽다. 그런 사람은 항상 바쁘기는 한데 노력한 만큼의 성과가 없다. 즉, 근면성은 있지만 성실성이 부족한 사람이다.

성실은 삶에서 물과 공기와 같다. 어머니가 가족을 위해서 정성을 다해 식사를 준비하는 모습에서, 택배 아저씨가 정성을 다해 손님에게 물건을 전해주는 모습에서, 버스운전사가 승객들을 위해서 정성을 다해 운전하는 모습에서, 농부가 정성을 다해 농작물을 재배하는 모습에서, 청소년들이 정성을 다해 수학문제를 푸는 모습에서도 성실은 관찰할 수 있다. 좋은 물과 공기는 무색, 무미, 무취를 유지한다. 그와

마찬가지로 성실의 가치는 눈에 드러나지 않지만 삶을 움직이는 원동
력이다.

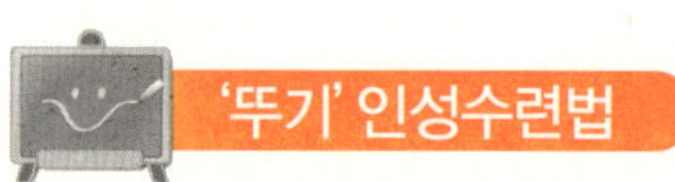

■ 가치 덕목 : 성실

>> 1단계 견見 – 성실에 대해서 살피는 봄뚜기 단계

1. 자신과의 관계에서 성실 살피기

   스스로에게 성실하려고 노력하는 편이다. 남편이나 아이들보다 먼저 일어나서 하
   루를 준비한다. 아침식사를 준비할 때는 온 가족의 건강을 생각하며 정성을 다해
   음식을 만든다.
   그리고 나의 심신건강을 위해 운동과 공부도 4년째 꾸준히 하고 있다.

2. 부모형제와의 관계에서 성실 살피기

   부모와 형제들에게 성실할 때도 있지만, 그렇지 못할 때가 더 많다. 그저 내 생활
   이 바쁘다는 이유로, 명절이나 대소사 때 참여 횟수나 정성이 달라지는 경우가
   많다. 특히 형제관계에서는 점점 더 무덤덤해지는 관계가 타인보다 못하지 않나
   하는 자책감이 든다.

3. 친구(동료)와의 관계에서 성실 살피기

   친한 친구이든, 가끔 연락하는 친구이든 사람을 대할 때는 매사에 성심껏 진실되
   게 대해야 한다고 생각하지만 실천이 어렵다. 약속 시간에도 늦기 일쑤이며, 친구
   형편보다는 내 위주로 관계를 맺고 있는 편이다.
   앞으로는 내 시간이 중요한 것처럼 친구 시간도 중요하게 여겨야겠다.

4. 이웃과의 관계에서 성실 살피기

나는 이웃과 사이가 좋은가? 아니다. 폐쇄적인 아파트 문화공간이라는 핑계로 이사 온 지 5년이 넘었는데도, 이웃들과 적극적인 관계를 맺기 위해서 특별히 노력해본 적이 없다. 아파트 부녀회나 동사무소 그리고 구청에서 하는 각종 지역문화 행사에도 성실하게 참여하지 못하고 있다.

5. 학교(직장)에서 성실 살피기

직장생활에서는 거의 출근시간보다 30분은 일찍 출근하며 성실하다는 평가를 받고 있다. 주어진 업무도 최선을 다하는 편이지만, 일을 스스로 찾아서 하는 편이다. 특히 직장 동료들과 대인관계에서는 적극적인 역할로 솔선수범해 주위 사람들로부터 칭찬을 많이 받는다.

6. 사회·국가와의 관계에서 성실 살피기

정부에서 추진하고 있는 각종 국책사업에 대해 별 관심이 없다. 심지어 민주주의의 꽃이라 불리는 각종 선거에도 참여가 저조한 편이다. 그저 잘못된 국가정책에만 앞장서서 성토하는 내 모습은 사회, 국가에 대해 성실하지 못한 국민인 것 같다.

>> 2단계 학學 – 성실에 대하여 깨닫는 알뚜기 단계

1. 성실에 대한 명언 필사하고 낭독하기

2. 영화, 책, 그림 등 성실을 공감할 수 있는 자료 소개하기

3. 성실이 왜 중요한지 목적 소개하기

4. 당장 실천할 성실 계획 세우기

>> **3단계 습껄 – 성실에 대하여 익히는 홍뚜기 단계**

1. 성실 의지 – 좋다, 싫다 선택하기

2. 성실 의지 – 낫다, 못하다 선택하기

3. 성실 의지 – 옳다, 그르다 선택하기

>> 4단계 통通 – 성실에 대하여 대화 나누는 한(하나)뚜기 단계

1. 대화 일시 및 장소

2. 이야기를 나눈 사람

3. 주요 대화 내용

4. 이야기를 나눈 소감

>> 5단계 성誠 – 성실을 일상생활에서 실현하는 꿈뚜기 단계

1. 가정에서 성실을 어떻게 실행하는지 이야기해보자.

2. 학교에서 성실을 어떻게 실행하는지 이야기해보자.

3. 직장에서 성실을 어떻게 실행하는지 이야기해보자.

4. 이웃(사회)과 마주할 때 성실을 어떻게 실행하는지 이야기해보자.

5. 국가와 마주할 때 성실을 어떻게 실행하는지 이야기해보자.

6. 인류와 마주할 때 성실을 어떻게 실행하는지 이야기해보자.

"성실 하나로 살아가고 있는 사람이 남에게 감동을 주지 못했다는 예는 이제까지 하나도 없다. 한편, 성실과는 거리가 먼 사람이 남에게 감동을 주었다는 예도 이제까지 하나도 없다."

맹자의 이 말을 마음에 새기며 성실한 사람이 되고자 노력했다.

한번은 시어머님이 미끄러운 바닥에서 넘어지는 바람에 팔에 골절을 입는 큰 사고가 일어났다. 마침 우리 집 근처에 시댁이 있어서 나는 팔을 다친 어머님을 대신해 2개월 정도 시댁 식구들의 아침저녁밥을 정성스럽게 해드렸다. 마침내 어머님이 깁스를 푸셨고, 시댁 어른들은 그동안 고생했다면서 나에게 작은 선물을 해주셨다. 나는 며느리로서 마땅히 해야 할 일을 하였을 뿐이라고 생각했는데, 어르신들은 성실함에 매우 감동하셨다며 고마워하셨다.

이처럼 내가 어떤 일을 할 때, 정성스러운 마음으로 성실하게 하면 나의 마음도 편하고, 상대의 마음도 편하다는 것을 알게 되었다. 매사에 성실해지기란 쉽지 않을 것이다. 하지만 성실해지려는 의지가 중요하다고 생각한다. 행동은 나의 의지에 의해서 움직여지기 때문이다. 이러한 의미에서 "뚜기'인성수련법'은 성실이란 가치 덕목을 수련하는 데 꼭 필요하다고 본다.

••인내 – 인내는 '참는 것'이 아니라 '선택하는 것'이다

유혹이 많은 세상이다. 눈만 돌리면 광고다. 과거처럼 텔레비전과 라디오 그리고 신문에서 대중에게 정보를 알려주던 시대와는 차원이 다르다. 선전물은 인터넷, 휴대폰, 길거리, 버스, 택시, 병원, 학교 등 사람 눈길 닿는 곳이면 어디든지 흘러다닌다. 자본주의 사회에서는 사람마음도 시장이다. 고객의 마음을 사로잡는 기업이 살아남는다. 그래서 이제 광고는 공공연한 유혹이다.

유혹은 '마음씨', '생각씨', '몸씨'를 가리지 않고 무차별적으로 공격한다. 때로는 감정에 호소하기도 하고, 어떨 때는 논리적인 설득의 기술을, 그리고 말초적인 감각을 자극하기도 한다. 유혹의 무서움은 반복이다. 사람은 반복에 약하다. '씨'는 시간이 지나면 움이 트고 줄기와 가지가 뻗고 꽃이 피고 나면 열매를 맺는다. 광고는 그 지점에 집중한다. 한 번의 정보는 낯설기 마련이다. 그래서 처음에는 호기심을 불러일으켜 '씨'를 뿌리는 데 신경을 쓴다. 두 번, 세 번 반복에 반복을 거듭할수록 친근감과 함께 신뢰의 끈을 만들어간다.

유혹의 시대에 지혜롭게 살기 위해서는 '인내'를 길러야 한다. 인내 忍耐는 '감정과 욕구를 스스로 절제하는 능력'이다. '마음씨'에 유혹이 접근하면 양심과 상의를 해야 한다.

그래서 그 정보를 양심이 허락하면 수용하고 허락하지 않으면 과감하게 칼을 들어 잘라내야 한다. 칼로 잘라내지 않으면 반복의 법칙에 의하여 더 친근감을 불러일으키기 때문이다. '생각씨'에 유혹이 접근하면 이성과 상의해야 한다. 그 정보가 이치에 맞으면 수용하고 이치에 맞지 않으면 잘라내야 한다. 유혹이 '몸씨'에 접근하면 시간과 상의해야 한다. 그 정보가 시간이 흘러도 유효하면 받아들이고, 시간이 지나 무효하다면 과감하게 잘라내야 한다.

인내는 소극적인 가치가 아니다. 인내는 '참는 것'이 아니라 '선택하는 것'이다. '마음씨', '생각씨', '몸씨'가 건강하게 자라도록 적극적으로 살피는 행위이기 때문이다. 흔히 말하는 '화병火病'은 인내의 왜곡에서 생긴다. 화火는 밖으로 분출해야 한다. 화는 알고 다스려야 한다. 화는 인내의 상황에서 발생한다. 즉, 화는 유혹과 '마음씨', '생각

씨’, ‘몸씨’ 사이에 갈등이 벌어졌을 때 적극적인 선택을 하라는 신호
이다. 이때 유혹에 승복하거나 스스로 자포자기를 하게 되면 그것이
쌓이고 쌓여 화병이 되는 것이다.

　현대인들에게 인내교육은 필수이다. 더욱 복잡해진 시장 상황에서는
더욱 정교한 유혹이 생산되기 때문이다. 안타까운 것은 유혹이 많은
사회일수록 불신이 깊어진다는 점이다. 그 불신을 잠재우는 것이 인
내이다. 인내심이 형성된 사회에서는 광고가 통하지 않는다. 헛된 거
품의 실체를 파악할 수 있는 힘이 생기기 때문이다. 그렇게 되면 기업
에서는 광고를 줄이고 제품의 목적에 충실할 것이다.
　각종 대중매체는 광고가 밥줄이다. 그러나 결국 그 밥줄 때문에 본래
의 기능을 상실하고 있다. 가령 신문은 기사와 광고가 구분되지 않는
다. 그것을 눈치 챈 독자들은 신문을 멀리한다. 그래서 신문사는 똑똑
해진 독자의 마음을 사로잡기 위해서 더 정교한 방법을 찾지만 쉬워
보이지 않는다. 유혹은 오래가지 못한다. 인간은 어리숙해 보여도 결
국은 제자리로 돌아온다. 그래서 인내는 강하다.

■ 가치 덕목 : 인내

>> 1단계 견見 – 인내에 대해서 살피는 봄뚜기 단계

1. 자신과의 관계에서 인내 살피기

2. 부모형제와의 관계에서 인내 살피기

3. 친구(동료)와의 관계에서 인내 살피기

4. 이웃과의 관계에서 인내 살피기

5. 학교(직장)에서 인내 살피기

6. 사회 · 국가와의 관계에서 인내 살피기

1. 인내에 대한 명언 필사하고 낭독하기

위대한 정신은 조용히 인내한다. - 쉴러

인내는 운명을 좌우한다. - 프랑스 속담

가장 잘 견디는 사람은 가장 잘 성취할 수 있다. - 밀턴

인내는 힘 이상의 것을 우리에게 준다. - E · 버크

인내란 희망을 가지는 기술이다. - 보브나르그 〈성찰省察과 잠언箴言에서〉

인내하고 시간을 들이게 되면, 힘이나 노여움이 하는 것 이상의 것을 할 수 있다.

— 라 퐁텐 〈우화〉에서

인내는 일을 지탱하는 일종의 자본이다. — 발자크

2. 영화, 책, 그림 등 인내를 공감할 수 있는 자료 소개하기

『인내는 가장 힘이 세다』 — 김현태 / 국민서관

이 책에는 인내에 관한 다양한 이야기가 실려 있다. 각 장마다 위대한 인물의 인내 이야기는 물론 동물과 식물, 친구들의 인내 이야기가 진솔하게 펼쳐진다. 진정한 인내가 무엇인지 알려준다.

3. 인내가 왜 중요한지 목적 소개하기

사람은 환경이 열악해지면 감정조절이 어렵게 된다. 그래서 흔히 욱하는 언행이 튀어나와 서로의 감정을 상하게 할 수 있다. 상대방의 감정을 상하게 하고 나면, 대부분 나중에는 후회를 하기 마련이다.

따라서 인내란 어떤 상황에서 흥분하게 되면 그 흥분을 가라앉히고, 중장기적인 안목을 가지고 신중하게 판단하는 자기조절 능력이라고 말하고 싶다.

때문에 인내는 후회하지 않는 삶을 살기 위해서 반드시 길러야 하는 덕목이라고 생각한다.

4. 당장 실천할 인내 계획 세우기

• 화가 날 때, 3초간 화를 다스린 뒤 할말과 해서는 안 될 말을 가려서 하기

• 운전할 때, 바쁘더라도 신호 잘 지키기

• 날씨가 덥거나 추울 때, 냉난방기를 습관적으로 켜지 않기

1. 인내 의지 - 좋다, 싫다 선택하기

2. 인내 의지 - 낫다, 못하다 선택하기

3. 인내 의지 - 옳다, 그르다 선택하기

>> 4단계 통(通) - 인내에 대하여 대화 나누는 한(하나)뚜기 단계

1. 대화 일시 및 장소

2. 이야기를 나눈 사람

3. 주요 대화 내용

4. 이야기를 나눈 소감

>> **5단계 성誠 – 인내를 일상생활에서 실현하는 꿈뜨기 단계**

1. 가정에서 인내를 어떻게 실행하는지 이야기해보자.

2. 학교에서 인내를 어떻게 실행하는지 이야기해보자.

3. 직장에서 인내를 어떻게 실행하는지 이야기해보자.

4. 이웃(사회)과 마주할 때 인내를 어떻게 실행하는지 이야기해보자.

5. 국가와 마주할 때 인내를 어떻게 실행하는지 이야기해보자.

6. 인류와 마주할 때 인내를 어떻게 실행하는지 이야기해보자

가끔 화가 나거나 다른 사람과 대화를 할 때, 상대방에게 상처가 되는 말을 참지 못하고 내뱉을 때가 있다. 남편과 심하게 다툰 적이 있었는데 나는 참지 못하고 남편의 자존심을 건드리는 심한 말을 내뱉고 말았다. 그래서 싸움은 더 큰 싸움이 되었다. 곧 나는 참지 못하고 순간적으로 내뱉은 나의 말에 대해 '좀 더 참을걸.' 하고 후회를 했지만 이미 엎질러진 물이었다.
"참을 인忍자를 세 번만 생각하면 살인도 면한다."는 말이 있다. 쉽지는 않지만 항상 이 말을 명심하면서 다른 사람들과 대화를 할 때뿐만 아니라, 화가 날 때에도 말을 조심하려고 노력하고 있다.
확실히 '인내' 하려 노력하고 실천하려는 일들이 다른 사람과의 관계를 부드럽게 하는 효과가 있는 것 같다. 또한 '인내'를 통해 스스로 좀 더 성숙한 인격체가 되는 것 같은 만족감도 느끼고 있다.

●● 성찰 – 성찰을 잘 하는 사람은 예지력豫知力이 있다

 두 달 전부터 오후가 되면 눈에 피로가 몰려오면서 안경을 벗어버리고 싶은 충동을 느꼈다. 컴퓨터 모니터 앞에 오래 앉아 있어서 그런가 하고 한동안 주의를 했지만 별다른 변화를 느끼지 못했다. 결국은 안경점을 찾았다. 여차여차 하여 왔다고 하니 검사를 해보자고 하였다. 검사결과는 노안이 왔다는 것이다. 대안을 물어보니 다초점안경을 권유했다. 이 안경은 가까이에 있는 것이든 멀리에 있는 것이든 초점을 조절해 눈에 피로를 느끼게 하지 않고 잘 보인다는 것이다. 여러 가지를 고려하더라도 특별한 대안이 없어 다초점안경을 착용하기로 결정했다.

 이 안경을 착용하니 확실히 눈에 피로가 덜 느껴졌다. 그리고 정말 멀리 있는 것은 더 잘 보이고 가까이에 있는 것도 잘 보여 신기했다.

　현대인들은 자기 자신을 들여다볼 수 있는 다초점안경이 필요하다. 급변하는 글로벌 환경에 적응하느라 정작 자기 자신을 돌아볼 겨를이 없다. 예로부터 수신修身의 출발은 성찰省察이었다. 성찰은 자기 자신의 역사공부이다. 역사를 공부하는 이유는 과거를 통해서 현재와 미래를 대처하기 위해서이다. 마찬가지로 자기역사를 잘 아는 사람은 현재와 미래가 밝다. 그래서 성찰을 잘 하는 사람은 예지력豫知力이 있는 것이다.

　고대와 중세까지의 교육은 인간의 내면을 살피는 데 초점을 두었다. 근대 이후는 종교와 학교를 분리하여 종교는 인간의 ‘안’을 살피고, 학교는 인간의 ‘밖’을 돌보기로 분담하고 각자의 길을 걸어가고 있다. 그러나 시간이 흐를수록 ‘안’과 ‘밖’은 서로 만날 수 없는 영역으로 굳어져 가고 있다. 어느 한쪽도 온전히 보지 못하는 결과를 초래하고 있는 것이다. ‘안’과 ‘밖’은 수레의 양 바퀴처럼 함께 굴러가야 한다. ‘안’과 ‘밖’은 원래 한 덩어리이기 때문이다. ‘밖’을 잘 보기 위해서는 ‘안’을 잘 볼 수 있어야 한다. 마치 나무가 건강한지 그렇지 않은지를 알려면 뿌리와 가지를 동시에 살펴야 하는 것처럼 말이다.

　따라서 미래는 ‘안’과 ‘밖’의 융합교육이 필요하다. 융합교육의 출발은 성찰이다. 성찰은 마음의 문을 열도록 도와주기 때문이다. 좋은 성찰은 다초점안경처럼 자기 자신의 과거, 현재, 미래를 단층적으로 살피는 것이다. 즉, 과거, 현재, 미래를 실시간으로 넘나들며 살펴야 한다. 그러나 자기 자신을 어느 한곳에 고착화시키지 않도록 주의해야 한다. 머무름은 고정관념을 만들기 때문이다. 그래서 성찰은 유연한 통찰력이 생명이다.

 아무래도 시력이 좋은 사람은 사물이 잘 보인다. 그러나 시력이 아무리 좋아도 사물을 보고자 하는 마음이 없다면 잘 보이지 않는다. 성찰도 마찬가지다. 아무리 성찰하기 좋은 환경을 만들어준다고 하더라도 열정이 없다면 그만이다. 특히 성찰은 넉넉한 환경보다는 열악한 환경에서 더 성숙하게 이루어진다. 따라서 성찰을 잘 하기 위해서는 자신에게 적절한 긴장을 주는 지혜가 필요하다.

■ 가치 덕목 : 성찰

>> 1단계 견見 – 성찰에 대해서 살피는 봄뚜기 단계

1. 자신과의 관계에서 성찰 살피기

2. 부모형제와의 관계에서 성찰 살피기

3. 친구(동료)와의 관계에서 성찰 살피기

4. 이웃과의 관계에서 성찰 살피기

5. 학교(직장)에서 성찰 살피기

6. 사회 · 국가와의 관계에서 성찰 살피기

1. 성찰에 대한 명언 필사하고 낭독하기

2. 영화, 책, 그림 등 성찰을 공감할 수 있는 자료 소개하기

3. 성찰이 왜 중요한지 목적 소개하기

4. 당장 실천할 성찰 계획 세우기

1. 성찰 의지 – 좋다, 싫다 선택하기

성찰을 위한 실천으로 일기쓰기를 시작했다. 하지만 여간 힘든 일이 아니다. 일주일에 3일 정도 쓰는 것도, 몸이 피곤하거나 스트레스를 받으면 귀찮고 싫어진다. 하지만 무슨 일이 있어도 3일은 꼭 쓰려고 노력을 하였다.

일기를 쓰면서 느끼는 점은, 그날 하루의 나를 돌아보는 시간을 갖는다는 게 무척 좋다는 것이다.

2. 성찰 의지 – 낫다, 못하다 선택하기

일주일에 3일 정도 일기를 쓰는 것도 쉽지는 않다. 일기를 쓰기 위해서는 나만의 공간과 나만의 시간이 갖추어져야 하는데, 그런 상황이 잘 만들어지지 않는다. 그럼에도 불구하고 일기를 쓰려고 노력한 결과, 나와 주변의 여러 문제에 대해 생각하고, 후회와 반성을 통해 마음이 평온해지는 것이 자기정화의 느낌을 받는 것 같다.

이처럼 일기를 쓰는 행위로 '성찰'을 실천하려고 노력하는 스스로가 그렇지 않았을 때보다 인간적으로 성숙해지는 것 같다.

3. 성찰 의지 – 옳다, 그르다 선택하기

일기를 쓰면서, 사람으로서 삶을 살아가는 데에 '자기정화'의 기능이 바로 '성찰'하는 태도라는 것을 새삼 깨닫게 되었다. 그런 의미에서 성찰을 실천하려는 의지는 올바른 삶의 태도라는 확신이 들었다.

1. 대화 일시 및 장소

2. 이야기를 나눈 사람

3. 주요 대화 내용

4. 이야기를 나눈 소감

1. 가정에서 성찰을 어떻게 실행하는지 이야기해보자.

2. 학교에서 성찰을 어떻게 실행하는지 이야기해보자.

3. 직장에서 성찰을 어떻게 실행하는지 이야기해보자.

4. 이웃(사회)과 마주할 때 성찰을 어떻게 실행하는지 이야기해보자.

5. 국가와 마주할 때 성찰을 어떻게 실행하는지 이야기해보자.

6. 인류와 마주할 때 성찰을 어떻게 실행하는지 이야기해보자.

내가 가진 좋은 습관 중에는 매사에 나를 되돌아보려고 하는 성찰이 있다. 우리가 살아가면서 자신을 되돌아보며 성찰하는 시간을 가진다는 것은 무척 큰 의미가 있다. 나의 생각과 행동을 살펴보면서, 그 순간 '내가 왜 그런 행동을 했는지', '좀 다르게 행동할 수는 없었는지', '다음에는 그러지 말아야지'라며 후회한다.

하지만 인간인 관계로 지난날 그렇게 반성하고 다짐하지만 또 다시 실수를 번복하고 있는 자신을 발견한다. 그러한 계속된 성찰을 통하여 나의 생각과 행동이 언젠가는 변화될 것이라고 믿는다.

성찰은 지난날의 '나'가 아닌 좀 더 성숙된 자아를 만들어가는 과정이며, 이러한 성숙한 자아는 인간관계를 좀 더 유연하게 만들어 갈 수 있을 것이다.

단순한 게 좋다. 물건이든, 서비스상품이든, 인간관계든 단순하면 쉽게 결정한다. 단순한 것은 정직하게 보이기 때문이다.

현대사회는 너무 복잡하다. 그래서 분야별 컨설턴트가 존재한다. 청소년들은 꿈을 설계할 때에도 진로컨설턴트의 도움을 받는다. 직업을 구하고, 배우자를 선택하고, 집을 마련하고, 보험을 들고, 노후를 준비하는 것도 컨설턴트에게 조언을 구한다.

컨설턴트문화는 사회구조가 복잡해짐에 따라서 각자의 전문성을 살리고 소비자들의 다양한 욕구를 충족시켜준다는 차원에서는 어쩔 수 없는 모습이다. 그러나 복잡한 사회가 바람직한 모습은 아니다. 그 속에서는 정직의 가치가 숨 쉴 공간이 줄어들기 때문이다. 규모가 커질수록 투명성을 담보하기 어렵다. 그리고 조직의 확대는 초심을 지켜가기 힘들다. 조직을 위한 조직으로 발전하기 때문이다. 업무분장은 효율성은 증대시키지만, 반면에 분과별 책임회피를 동반한다.

사회 환경은 구성원들이 만든다. 정직이 통하는 사회를 만들기 위해서는 무엇이든 단순화해야 한다.

그래서 작은 것이 아름답다. 학교도 작아야 한다. 소규모 학교일수록 정직의 가치를 가르치고 배울 수 있다. 서로가 서로를 품안의 시공간에서 지켜볼 수 있기 때문이다. 병원도 작아야 인술仁術이 가능하다. 환자의 몸뿐 아니라 마음까지 들여다볼 수 있기 때문이다. 기업도 작아야 경영철학을 유지할 수 있다.

글로벌사회일수록 작은 것이 통한다. 그 속에서는 정직의 가치를 더

담아낼 수 있기 때문이다. 정직은 손해처럼 보이지만 이익이다. 정직은 다수의 침묵으로 지지한다. 드러나지 않았다고 해서 없는 것이 아니나. 글로벌 소셜네트워크는 인공위성처럼 지구촌을 살피고 있다. 지구촌 어느 곳이든 실시간으로 투명하게 감시한다. 그래서 정직하지 않은 개인, 집단, 기업, 국가는 지구인의 눈으로 공개 심판한다.

정직의 가치가 소중한 이유는 무병장수의 비결이기 때문이다. 정직한 사람은 건강하다. 불필요한 에너지를 허비하지 않기 때문이다. 정직한 사람은 당당하다. 그리고 자기 자신에게 부끄럽지 않다. 무엇보다도 과시와 포장 그리고 권력으로부터 자유롭다. 그래서 몸이 항상 가볍다. 바르고 올곧게 사는 것이 행복으로 가는 지름길이다.

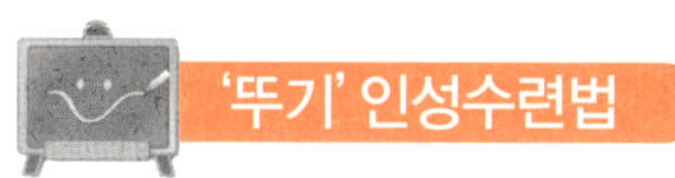

■ 가치 덕목 : 정직

>> 1단계 견見 – 정직에 대해서 살피는 봄뚜기 단계

1. 자신과의 관계에서 정직 살피기

2. 부모형제와의 관계에서 정직 살피기

3. 친구(동료)와의 관계에서 정직 살피기

4. 이웃과의 관계에서 정직 살피기

5. 학교(직장)에서 정직 살피기

6. 사회 · 국가와의 관계에서 정직 살피기

글로벌 시대 꼭 갖추어야 할 핵심 역량가치 15가지

1. 정직에 대한 명언 필사하고 낭독하기

2. 영화, 책, 그림 등 정직을 공감할 수 있는 자료 소개하기

3. 정직이 왜 중요한지 목적 소개하기

4. 당장 실천할 정직 계획 세우기

▶▶ 3단계 습習 - 정직에 대하여 익히는 홍뚜기 단계

1. 정직 의지 - 좋다, 싫다 선택하기

2. 정직 의지 - 낫다, 못하다 선택하기

3. 정직 의지 - 옳다, 그르다 선택하기

▶▶ 4단계 통通 - 정직에 대하여 대화 나누는 한(하나)뚜기 단계

1. 대화 일시 및 장소
2012년 3월 4일 밤 10시, 우리 집 거실

2. 이야기를 나눈 사람

남편

3. 주요 대화 내용

좀 더 작은 집으로 이사를 가자고 했다. 2년 전 대출을 끼고 지금 살고 있는 집을 구입했지만, 현재 우리 수입에 비해 많은 돈이 은행 이자로 나가고 있다. 넓은 집에 살아서 좋긴 하지만 생활비, 학원비 등 물가 상승으로 부담이 너무 크다. 남편도 그 점을 알고 있지만 주변의 눈이 부담스러워 이러지도 저러지도 못하겠다고 한다.

4. 이야기를 나눈 소감

남들에게 자랑하고 잘 보이려는 욕심에 무리하게 집 장만을 하고, 나를 속이면서 살아왔던 것에 많은 반성을 했다. 그동안 나 자신에 대해 정직한 모습으로 살지 않았던 것 같다. 정직의 덕목은 남과의 관계에서도 중요하지만, 나 자신과의 관계에서도 참으로 중요한 것임을 느꼈다.

>> 5단계 성誠 – 정직을 일상생활에서 실현하는 꿈뚜기 단계

1. 가정에서 정직을 어떻게 실행하는지 이야기해보자.

2. 학교에서 정직을 어떻게 실행하는지 이야기해보자.

3. 직장에서 정직을 어떻게 실행하는지 이야기해보자.

4. 이웃(사회)과 마주할 때 정직을 어떻게 실행하는지 이야기해보자.

5. 국가와 마주할 때 정직을 어떻게 실행하는지 이야기해보자.

6. 인류와 마주할 때 정직을 어떻게 실행하는지 이야기해보자.

어렸을 때, 문방구에서 물건을 사고 내가 받아야 할 거스름돈보다 더 많은 돈을 거슬러 받은 적이 있다. 내가 일부러 더 받은 것도 아니고, 문방구 아주머니의 잘못으로 인해 더 받은 돈이니 굳이 되돌아가서 돌려드려야 하나 하는 생각이 들었다. 내가 그냥 갖는다 해도 아무도 알지 못할 것이라는 생각에 내심 공짜로 생긴 돈에 기분이 좋기도 했다. 그래서 그냥 그 돈을 갖기로 마음먹었다.

하지만 그날 저녁 내내 찝찝한 기분이 들며 왠지 나 자신이 초라해지는 듯했다. 결국 다음날 학교 가는 길에 문방구에 들러 더 받은 돈을 문방구 주인아주머니에게 돌려드렸다. 아주머니는 매우 기뻐하며 내 머리를 쓰다듬어 주셨다. 그러고 나니 스스로가 뿌듯하고 자랑스러웠다.

그 문방구는 학교 다니는 내내 나의 단골집이 되었는데 아주머니는 가끔씩 덤으로 지우개 같은 작은 학용품도 주시곤 했다. 그 이후로 나는 어떠한 선택에서도 스스로를 당당하게 하기 위해 그때 느꼈던 정직에 대한 기억을 잊지 않고 있다.

●● 여유 – 신은 모든 인간에게 공평한 시간을 주었지만, 여유는 지혜로운 사람만이 누리는 팁이다

현대인들은 여유餘裕가 없다. 항상 무엇에 쫓기며 살아간다. 온가족이 모여 식사를 하기도 쉽지 않은 세상이다. 누가 그렇게 하라고 시킨 것도 아닌데 자발적으로 바쁨을 선택한다. 심지어 바쁘지 않으면 불안하다는 사람들이 늘고 있다고 한다. 이른바 현대인들은 불안증 환자가 되고 있는 것이다. 왜 이런 현상이 나타나고 있을까?

대개 첫 스타트를 끊는 사람은 부담스럽다. 맏이로 태어나면 부모에게 사랑을 받는 만큼 그 책임감 또한 크다. 어느 모임이나 집단에서도 첫 회는 주목받는다. 첫 제품을 출시하거나, 첫 프로젝트사업을 진행할 때도 마찬가지다. 그렇다면 왜 처음자리는 부담스러울까? 그것은 첫 경험이기 때문이다. 첫 경험은 설렘은 있지만 여유는 느낄 수 없다. 여유는 자기경험에서 나오기 때문이다.

그렇다면 현대인들이 여유가 없는 것은 경험의 부재란 말인가? 결론적으로 말하면 그렇다. 촌각을 다투며 쏟아지는 각종 정보와 지식 그리고 상품들은 인간을 두렵게 만든다. 경험하지 못한 상황이 쉴 새 없이 몰려들기 때문이다. 청소년들은 최신게임을 경험해야 친구들과 대화를 나눌 수 있다. 어른들도 마찬가지다. 최근 텔레비전 인기 프로그램을 알고 있어야 대화에 끼일 수 있다. 책, 영화, 이론, 상품, 연예인 등 베스트셀러를 경험해야 안심이다.

그러나 경험은 제한적일 수밖에 없다. 더구나 미래학자들은 앞으로의 세계는 누구도 예측할 수 없을 만큼 불확실한 상황이 펼쳐질 것이라고 예견한다. 그렇다면 여유를 찾을 방법은 없을까? 그것은 경험에 대한 개념을 바꾸는 것이다.

경험의 세계는 현상과 본질로 구분된다. 기존의 경험세계는 현상에 머물렀다. 현상에 대한 경험은 눈에 드러난 부분에 초점을 두기 때문에 변화무쌍하다. 그리고 끝이 보이지 않는다. 따라서 여유를 찾기 위해서는 본질의 세계를 경험해야 한다.

본질의 세계는 처음마음이다. 눈에 드러나지 않는 처음마음을 경험하게 되면, 눈에 드러날 세계를 예측할 수 있기 때문에 여유를 얻을 수 있다.

본질의 세계는 인문학이다. 여유를 찾기 위해서는 인문학을 경험해야 한다. 현대인들이 인문고전을 읽어야 하는 이유가 여기에 있다. 특히 고대의 동양 인문고전들 속에는 삶과 죽음의 문제뿐만 아니라 인간과 자연과 우주의 역사를 경험할 수 있는 지혜가 풍부하게 들어 있다. 여유는 땀방울의 대가이다. 삶의 진지한 고민과 성찰의 과정에서 진정한 여유는 생긴다. 신은 인간에게 공평한 시간을 주었지만 여유는 지혜로운 사람만이 누리는 팁이다.

■ 가치 덕목 : 여유

>> 1단계 견見 – 여유에 대해서 살피는 봄뚜기 단계

1. 자신과의 관계에서 여유 살피기

2. 부모형제와의 관계에서 여유 살피기

3. 친구(동료)와의 관계에서 여유 살피기

4. 이웃과의 관계에서 여유 살피기

5. 학교(직장)에서 여유 살피기

6. 사회 · 국가와의 관계에서 여유 살피기

1. 여유에 대한 명언 필사하고 낭독하기

2. 영화, 책, 그림 등 여유를 공감할 수 있는 자료 소개하기

3. 여유가 왜 중요한지 목적 소개하기

4. 당장 실천할 여유 계획 세우기

➤➤ 3단계 습習 – 여유에 대하여 익히는 흥뚜기 단계

1. 여유 의지 – 좋다, 싫다 선택하기

2. 여유 의지 – 낫다, 못하다 선택하기

3. 여유 의지 – 옳다, 그르다 선택하기

➤➤ 4단계 통通 – 여유에 대하여 대화 나누는 한(하나)뚜기 단계

1. 대화 일시 및 장소

2. 이야기를 나눈 사람

3. 주요 대화 내용

4. 이야기를 나눈 소감

>> 5단계 성誠 – 여유를 일상생활에서 실현하는 꿈뚜기 단계

1. 가정에서 여유를 어떻게 실행하는지 이야기해보자.

사춘기인 우리 아이가 예전과 다르게 맘에 들지 않는 행동을 할 때 시간을 가지고 지켜봐 주고 있다. 부모로서 여유롭게 관심을 가지고 지켜보는 태도는 사춘기 아이에게 정말 좋은 안정제가 되는 것 같다.

2. 학교에서 여유를 어떻게 실행하는지 이야기해보자.

학교에서 선생님이 내주신 과제나 준비물을 미리미리 잘 챙기고 있다. 그러면 여유가 생겨서 수업에 임하는 태도나 마음가짐에 자신감이 생기고 긍정적인 태도로 수업에 임할 수 있다.

3. 직장에서 여유를 어떻게 실행하는지 이야기해보자.

다른 직원들보다 10분이라도 먼저 출근하려고 애쓴다. 일찍 출근해서 책상 위를 정리한 다음, 하루의 일과를 미리 머릿속으로 구상한다. 그러면서 차 한 잔을 마시는 여유는 하루 일과에 활력을 주고, 주변 사람들에게도 여유 있는 아침을 선사한다.

4. 이웃(사회)과 마주할 때 여유를 어떻게 실행하는지 이야기해보자..

지난 주 고속버스터미널에 너무 밤늦게 도착하는 바람에 택시를 잡으려고 기다리고 있었다. 그런데 내 뒤쪽으로 나보다 더 무거운 짐을 들고 계신 어르신이 줄을 섰다. 나는 어떻게 할까 잠깐 망설였지만 순서를 양보했다. 물론 나도 바쁘고 지쳤지만 최근 여유를 가지고 살아야겠다는 마음으로 지내다 보니까 양보하고 싶은 마음이 생긴 것 같다.

5. 국가와 마주할 때 여유를 어떻게 실행하는지 이야기해보자.

요즈음 정부에서 진행하는 일들에 대한 판단을 전보다 신중하게 하려고 한다. 예전에는 국가 정책에 대해서 깊은 생각도 없이 바로 찬성 · 반대의 견해를 내곤 했었는데, 다소 섣부른 판단을 하는 경우가 많았던 것 같다. 이제는 언론에서 다양한 입장을 사전에 알아본 후, 스스로 정리해보곤 한다. 이게 바로 여유에서 나오는 올바른 판단이 아닐까?

6. 인류와 마주할 때 여유를 어떻게 실행하는지 이야기해보자.

우리나라에도 경제적인 어려움으로 고통받는 아이들이 많지만, 우리나라보다 훨

씬 열악한 환경에서 고통받는 지구촌 아이들에게 먼저 손을 내밀어 잡아주고
싶다
그래서 정기적인 후원이나 결연을 맺는 여유 있는 모습을 실천하려고 월드 비전
에 후원하고 있다.

누구나 그렇듯 나 역시 하루 종일 바쁜 일들로 머릿속은 항상 복잡한
미로 속 같다. 하나라도 놓치지 않으려고 늘 휴대폰에 메모를 해놓는 습
관이 밴지도 벌써 오래 전, 이젠 오히려 메모를 보는 것이 두렵다. 그런데 메모
를 믿다 보니 스스로 외우려는 노력을 거의 하지 않게 되어버렸다. 만약 휴대
폰을 잃어버리면 연락처뿐만 아니라 내 기억의 한 부분까지 사라지는 게 아닐
까?' 두려움이 공상영화의 한 장면처럼 떠오르기까지 한다.

그렇다면 오히려 예전의 내가 좀 더 여유롭지 않았을까?

결국 여유란 필터와 같은 거름 장치가 있어야만 얻을 수 있는 것이라는 것을
알았다. 모든 것을 완벽하게 그리고 '내가 아니면 안 돼'라는 생각으로는 도저
히 여유를 맛볼 수 없는 것이다.

망중한이라고 했던가? 바쁜 와중에도 나를 돌아보고 나에게 쉼표를 선물하기
위해서는 나만의 거름 장치를 가지고 나의 임무와 역할을 선별하는 것이 꼭 필
요할 것이다.

지금 당장 휴대폰의 메모를 싹 지우거나 다시 메모하지 않겠다는 것은 아니다.
다만 앞으로 내가 메인 기억장치가 되고, 메모는 보조기억이 되어서 나만의 여
유 공간을 대폭 늘릴 것이다.

02 창의역량

●●개성 – 인성이 숲이라면 개성은 나무다

스토리텔링storytelling이 유행이다. 입시와 입사시험에서 자기소개서와 면접이 중요시되고 있는 영향 때문이다. 스토리텔링의 핵심은 감동이다. 감동이 없는 이야기는 정보일 뿐이다. 정보의 홍수 속에서 단순 정보는 관심을 끌지 못한다.

나만의 독특한 스토리가 필요하다. 그렇다고 해서 자기소개서를 소설화할 수도 없는 노릇이다. 따라서 자기만의 가치와 에너지를 발굴해야 한다.

감동은 개성個性에서 나온다. 이것은 자기실현의 씨앗이기 때문이다. 개성은 자기만의 고유한 본성을 말한다. 인성이 전체라면 개성은 부분이다. 인성이 숲이라면 개성은 나무다. 인성이 '같음' 이라면, 개성은 '다름' 이다.

따라서 인성과 개성은 상생의 관계이다. 인성을 알아야 개성을 알고 개성을 알아야 인성을 안다.

대개 개성은 '튀어야 하는 것' 으로 이해하고 있다. 일반인들이 하지 않는 특이한 모습이나 행동 그리고 성격을 일컫는다. 그러다 보니 개성은 특이한 소수 사람늘의 이야기로 인식하는 경향이 있다. 그러나 사람은 누구나 자기만의 고유의 색깔이 있다. 눈에 띄는 색만 색이 아니다. 흰색도 색이다. 개성이란 자기만의 고유색을 인식하는 것이다. 따라서 개성은 자기정체성을 세워가는 중요한 요소이다.

개성은 자연의 질서이기도 하다. 모든 존재는 달라야 한다. 서로가 같은 존재끼리는 주고받을 것이 없다. 서로 다를수록 주고받는 것은 많아진다. 주고받는 것은 존재의 역할이자 존재 이유이다.

그런데 현실은 획일화를 추구하는 구조이다. 교과서도 동일하고 시험문제도 똑같다. 획일 문화의 구조화는 휴대폰, 자동차, 컴퓨터, 아파트 등 생활양식 전반에 걸쳐 있다. 획일 문화구조에서는 나만의 가치를 가꾸기 어렵다. 문화는 공기처럼 구성원들 사이에 의식화되기 때문이다.

이제는 개성도 교육의 대상으로 인식해야 한다. 개성의 발견과 계발은 창의성의 출발이기 때문이다. 개성은 꿈과도 연결된다. 자기색깔은 미래가치를 만드는 재료이다.

따라서 지속가능한 개성개발 교육이 절실하다. 포트폴리오작성은 개성발굴에 유효한 도구이다. 이것은 자기생애를 스스로 관찰하고 설계하는 능력을 길러준다. 그래서 인재평가 기준으로 포트폴리오를 중요시하는 것이다.

포트폴리오 작성을 생활화하자. 그 핵심은 나만의 개성을 발굴하는 감동의 스토리를 만드는 것이다.

■ 가치 덕목 : 개성

▶▶ 1단계 견見 - 개성에 대해서 살피는 봄뚜기 단계

1. 자신과의 관계에서 개성 살피기

나에 대한 일반적 평가를 한마디로 표현하면 '무색무취'라고 할 수 있겠다. 그래서 가끔 나 자신에게 실망을 하기도 한다. '난 왜 개성이 없는 것일까?' 하고.

하지만 학교 선생님은 이대로의 내 모습이 개성이 될 수 있다고 한다. 아직은 그 뜻을 잘 모르겠다.

2. 부모형제와의 관계에서 개성 살피기

남편과 달리 시아주버님은 좌충우돌하는 편이다. 삶의 굴곡도 적잖이 겪으셨다.

명절이 되어 일가친척들이 큰댁에 모두 모이면 온 집안이 떠들썩해진다. 이런 분위기가 처음엔 적응이 안 되었지만, 이제는 이렇게 다양한 모습으로 내 남편의 가정이 조화롭게 유지되고 있음에 감사함을 느낀다.

3. 친구(동료)와의 관계에서 개성 살피기

지금은 아주 친한 친구 사이가 되었지만, 내 친구 형식이는 첫인상이 별로였다. 외모도 비호감인데 수업 중에도 혼자 떨어져서 앉고, 과친구들과도 잘 어울리지 않던 친구다.

그런데 우연히 2학기 복지관 실습을 같은 센터로 나가게 되었는데, 헌신적으로 아이들을 돌보는 모습에 깜짝 놀랐다. 그렇게 열정이 넘칠 줄은 몰랐다. 지금은 상대를 진심으로 대하고 배려하는 자신의 개성을 살려 복지센터를 운영하고 있다.

4. 이웃과의 관계에서 개성 살피기

옆집 아주머니는 무척 수다스런 편이다. 동네 일에 온갖 참견은 다해 가끔 구실수에 오르기도 한다. 나 같으면 그런 비난에 더 이상 간여하지 않을 것 같은데 여전히 하고 싶은 말을 한다.

그래도 아주머니의 적극적인 활동으로 우리 옆 동과의 재활용 공간 다툼을 해결한 걸 보면 그런 적극적인 성격에 감사한 마음이 들기도 한다.

5. 학교(직장)에서 개성 살피기

우리 반 은지는 조금 독특하다. 시키지도 않는 일을 한 학기째 하고 있다.

그것은 매일 아침 칠판 귀퉁이에 조그맣게 영어단어를 세 개씩 써놓는 것이다.

처음에는 며칠 하다가 그만둘 줄 알았는데 매일 새로운 단어로 바꾸고 있다. 이제는 익숙해진 반 친구들이 오히려 새로운 단어를 기대하고 있다. 은지 덕분에 쉽지 않은 단어공부를 편하게 하고 있는 셈이다.

6. 사회 · 국가와의 관계에서 개성 살피기

경제적으로 어려운 시기였던 IMF 시절에 정부에서 금모으기 운동을 실시했다. 이는 우리 민족의 면면히 이어오는 협동정신을 보여준 일이었다. 작년에 그리스가 우리와 같은 상황에서 총파업을 실행한 것을 보면 우리 민족의 개성을 확연히 느낄 수 있었다.

▶▶ 2단계 학學 – 개성에 대하여 깨닫는 알뜨기 단계

1. 개성에 대한 명언 필사하고 낭독하기

2. 영화, 책, 그림 등 개성을 공감할 수 있는 자료 소개하기

3. 개성이 왜 중요한지 목적 소개하기

4. 당장 실천할 개성 계획 세우기

>> 3단계 습쩔 - 개성에 대하여 익히는 흥뚜기 단계

1.개성 의지 - 좋다, 싫다 선택하기

2. 개성 의지 – 낫다, 못하다 선택하기

3. 개성 의지 – 옳다, 그르다 선택하기

>> 4단계 통通 – 개성에 대하여 대화 나누는 한(하나)뚜기 단계

1. 대화 일시 및 장소

2. 이야기를 나눈 사람

3. 주요 대화 내용

4. 이야기를 나눈 소감

>> 5단계 성誠 – 개성을 일상생활에서 실현하는 꿈뚜기 단계

1. 가정에서 개성을 어떻게 실행하는지 이야기해보자.

2. 학교에서 개성을 어떻게 실행하는지 이야기해보자.

3. 직장에서 개성을 어떻게 실행하는지 이야기해보자.

4. 이웃(사회)과 마주할 때 개성을 어떻게 실행하는지 이야기해보자.

5. 국가와 마주할 때 개성을 어떻게 실행하는지 이야기해보자.

6. 인류와 마주할 때 개성을 어떻게 실행하는지 이야기해보자.

모임에서 만난 친구 미경이는 성격이 차분하고 조용하다. 서로 책에 관한 이야기를 나눌 때는 공감하는 부분도 많고 말이 잘 통한다.

이 친구와 파트너가 되어 책 읽어주기 활동을 한 적이 있었다. 그런데 함께 활동을 해보니 대화를 나눌 때와는 달리 답답한 부분이 많았다. 항상 조심조심하고 살피는 성격 탓에 일이 빨리빨리 진행이 되지 않았다. 상대적으로 일을 진행하는 데 있어 거침이 없던 나는 마음 한 편으로 이 친구 때문에 시간이 많이 걸려 답답했다. 한두 번의 연습으로는 자신이 없다던 그 친구 때문에 연습도 매우 많이 해야 했고 이것저것 장비 부분 체크도 몇 번씩이나 해야 했다.

드디어 많은 아이들을 모아놓고 책 읽어주기를 하던 날, 그렇게 많은 준비에도 불구하고 전기연장선이 고장이 나 음악을 켤 수 없는 게 아닌가. 나는 할 수 없이 음악 없이 책을 읽어야겠다는 생각에 마이크를 잡았는데 그때 어디선가 음악소리가 들렸다.

나중에 알고 보니 미경이가 불안한 마음에 여분의 전기연장선을 준비했던 것이다. 미경이가 체크하고 준비하는 것들이 지나치다 싶어 답답했던 적이 한 두 번이 아니었는데 친구의 이러한 꼼꼼한 성격 탓에 행사를 무사히 잘 마칠 수 있었다.

지금은 이 친구와 누구보다도 호흡이 잘 맞는 환상의 파트너가 되었다. 친구와 내가 가진 각자의 개성을 존중하고 서로 맞추어 나간 덕분인 것 같다.

●● 도전 – 도전이 아름다운 이유는 인성人性을 살리는 희망이기 때문이다

스포츠를 소재로 하는 영화는 내 안의 게으름을 일깨워줘서 좋다. 환경은 변한다. 오늘 다르고 내일 다르다. 그것이 환경이다. 그래서 대부분의 사람들은 새로운 환경에 적응하며 사느라 바쁘다. 그 변화의 속도를 미리 감지하고 이끄는 자가 리더이다.

그러나 요즘처럼 급변하는 환경에서는 변화의 속도에 맞추어 사는 것만으로 만족해서는 안 된다. 그 변화의 방향이 어디로 어떻게 흘러갈지 예측하기 어렵기 때문이다.

불확실한 시대를 대비하는 지혜로운 방법은 도전이다. 도전은 환경에 의존하는 것이 아니라 환경을 바꾸는 시도이다. 즉, 도전은 '새로운 환경을 주도적으로 만들어가는 것'이다. 환경을 만들어가는 사람은 모험을 즐긴다. 새로운 길을 개척하며 느끼는 스릴을 안다. 그래서 도전하는 사람은 실패도 재산이 된다. 실패의 경험에서 얻은 지혜는 두려움을 극복하는 에너지로 사용한다.

현대인들은 도전의 기회를 박탈당하고 있다. 사람들이 조금이라도 불편을 느끼면 문명의 이기들은 금세 눈치를 채고 그 자리를 채워버린다.

문명의 이기는 도전의 상황을 용납하지 않는다. 가끔 '지구촌에 전기가 끊긴다면 어떻게 될까'를 상상하곤 한다. 문명인들은 '그런 일은 있을 수도, 있어서도 안 되는 것'이라고 일축할 것이다. 마치 오늘의 태양이 내일도 어김없이 나타나 주듯이, 오늘의 전기는 영원히 우리를 지켜줄 것으로 믿고 산다.

대한민국은 사계절이 뚜렷하여 심신이 건강한 민족이다. 하지만 지금은 환경이 달라졌다. 이상기후는 어쩔 수 없다고 하더라도 우리들의 몸은 사계절을 경험하지 못한 지 오래이다. 냉난방의 발달이 몸의 기온을 연중으로 일정하게 유지해주기 때문이다. 문명의 환경에 익숙해진 우리 몸은 난방기를 끄면 냉방기를 가동해줄 것을 요구한다. 당연한 이야기지만 몸은 더위와 추위에 그슬려야 강해진다. 최저와 최고의 기온 차를 크게 경험할수록 몸이 선택할 수 있는 환경범위는 그만큼 넓어진다.

이런 현상은 몸에만 적용되는 게 아니다. 마음과 정신도 마찬가지다. 개인주의와 자유주의의 발달로 마음고생의 기회는 점점 더 줄어들고 있다. 과거 대가족의 환경에서는 구성원들 사이의 다양한 정서적 교류와 갈등상황에 대한 연습을 하였다.

하지만 지금은 한 명 아니면 두 명 정도의 자녀로 구성된 가족인데다 맞벌이 가정의 증가 등 마음도전의 기회가 적다. 그 결과 조금만 어려운 인간관계에 부딪쳐도 상처받거나 우울해진다. 사소한 일에도 참지 못하고 폭언과 폭행으로 이어지기 일쑤이다.

도전은 심신의 확장이다. 유전자에 내재된 마음과 정신인 몸의 영역을 일깨워주는 작업이기 때문이다. 도전이 쌓이면 내공은 강해진다. 내공이 있는 사람은 외풍에 강하다. 급변하는 외부환경 속에서도 흔들림 없이 창조적인 삶을 살아갈 수 있다.

도전을 하기 위해서는 우선 문명의 이기와 싸울 용기가 필요하다. 대다수가 가는 편리한 길보다는 외롭지만 불편한 길을 선택하라는 말이다. 도전이 아름다운 이유는 인성人性을 살리는 희망이기 때문이다.

■ 가치 덕목 : 도전

>> 1단계 견見 – 도전에 대해서 살피는 봄뚜기 단계

1. 자신과의 관계에서 도전 살피기

2. 부모형제와의 관계에서 도전 살피기

3. 친구(동료)와의 관계에서 도전 살피기

4. 이웃과의 관계에서 도전 살피기

5. 학교(직장)에서 도전 살피기

6. 사회 · 국가와의 관계에서 도전 살피기

>> 2단계 학學 – 도전에 대하여 깨닫는 알뚜기 단계

1. 도전에 대한 명언 필사하고 낭독하기

계산된 위험은 감수하라. 이는 단순히 무모한 것과는 완전히 다른 것이다.

– 조지s패튼

도전은 인생을 흥미롭게 만들며, 도전의 극복이 인생을 의미 있게 한다.

– 조슈아 J. 마린

공포를 느껴라, 그리고 그래도 도전하라. – 수잔 제퍼스

위대한 업적은 대개 커다란 위험을 감수한 결과이다. – 헤로도토스

세상의 중요한 업적 중 대부분은, 희망이 보이지 않는 상황에서도 끊임없이 도전한 사람들이 이룬 것이다. – 데일 카네기

도전은 우리로 하여금 새로운 무게중심을 찾게 하는 선물입니다. 맞서 싸우지 마세요. 그저 중심을 잡을 수 있는 다른 방법을 찾아보세요. – 오프라 윈프리

가장 큰 위험은 위험 없는 삶이다. – 스티븐 코비

2. 영화, 책, 그림 등 도전을 공감할 수 있는 자료 소개하기

『빌리엘리어트』 - 멜빈 버지스

『지도 밖으로 행군하라』 - 한비야

『세상에서 가장 소중한 약속』 - 고정욱

『마당을 나온 암탉』 - 황선미

『멈추지 않는 도전』 - 박지성

3. 도전이 왜 중요한지 목적 소개하기

도전 없는 삶은 늘 현실에 안주하게 만든다. 그래서 발전이 없고 오히려 퇴보하게 된다. 한 번뿐인 인생을 살면서 세상 모든 일을 다해 볼 순 없다. 하지만 내 앞에 주어진 기회를 마다하는 건 어찌 보면 직무유기일 수도 있을 것 같다.

4. 당장 실천할 도전 계획 세우기

- 아침마다 신문 헤드라인 뉴스 꼭 읽기
- 일주일에 세 번 땀나게 운동하기
- 학교에서 선생님들을 뵐 때마다 인사하기
- 하루 한 명에게 꼭 안부 문자 보내기

>> 3단계 습껼 - 도전에 대하여 익히는 홍뚜기 단계

1. 도전 의지 - 좋다, 싫다 선택하기

2. 도전 의지 - 낫다, 못하다 선택하기

3. 도전 의지 - 옳다, 그르다 선택하기

>> 4단계 통通 - 도전에 대하여 대화 나누는 한뚜기 단계

1. 대화 일시 및 장소

2. 이야기를 나눈 사람

3. 주요 대화 내용

4 .이야기를 나눈 소감

>> 5단계 성誠 – 도전을 일상생활에서 실현하는 꿈뚜기 단계

1. 가정에서 도전을 어떻게 실행하는지 이야기해보자.

2. 학교에서 도전을 어떻게 실행하는지 이야기해보자.

3. 직장에서 도전을 어떻게 실행하는지 이야기해보자.

4. 이웃(사회)과 마주할 때 도전을 어떻게 실행하는지 이야기해보자.

5. 국가와 마주할 때 도전을 어떻게 실행하는지 이야기해보자.

6. 인류와 마주할 때 도전을 어떻게 실행하는지 이야기해보자.

학창 시절을 떠올려보면 난 참 도전적인 학생이었다. 대학시절, 전공과는 아무런 상관도 없는 컴퓨터 자격증시험에 도전하기도 하고, 일본어 자격시험에 응시하기도 했다. 그리고 결혼 후에는 단지 혼자 집에서 보내는 시간이 아까워서 공인중개사 자격증을 땄다. 그 이후에도 독서지도사 자격시험에 도전해서 지금은 독서지도사라는 직업을 갖고 있다.

그렇다고 내가 겁이 없고 용감한 성격은 아니다. 장점이라면 즉흥적으로 결정하지 않고 매사에 많이 고민하고 재는 타입이라는 것이다. 결국 내가 도전할 수 있었던 것, 그리고 대부분 긍정적인 결과를 낳은 것은 도전을 좋아하는 내 성향 덕분이 아니라, 도전에 임하는 태도에 달렸던 것 같다. 어떤 마음으로 도전에 임할 것인지, 도전 과정이 나를 얼마나 성장하게 할지 또 그 결과가 새로운 도전으로 이끌 수 있는지에 대한 치밀한 계산에 따른 것이다.

어쩌면 나는 그렇게 도전하기 위해 고민하고 과제에 집착하는 과정 자체를 즐겼던 것 같다. 때론 결과가 예상에 미치지 못한 경우도 있었다. 그럼에도 최선을 다하려고 노력하는 과정에서 희열과 만족감을 얻는다. 그런 성취감이 나에게 또 다른 도전에로의 길을 내준 것이다.

●● 관찰 – 관찰은 가장 세련된 공부법이다

청소년들에게 30년 뒤 미래에 다가올 세상을 그려보라는 미션을 수행하게 한 적이 있다. 그런데 거의 대부분의 학생들이 공상과학영화 대본을 썼다.

아침에 눈을 뜨면 상쾌한 음악과 가상의 산책로가 나타나서 정신을 맑게 해준다. 샤워장에는 로봇이 대기하고 있어 온 몸을 마사지와 함께 깨끗하게 씻어준다. 아침식사는 주방용 로봇이 그날 컨디션에 따라 메뉴를 정해 차려준다. 업무 역시 대부분은 집에서 로봇의 도움으로 해결한다. 여가생활은 대부분 우주여행을 즐긴다. 그리고 나이 개념도 사라진다. 원하는 마스크를 언제든지 조절할 수 있기 때문이다.

생각은 자유다. 그러나 현실은 냉혹하다. 청소년들의 상상력을 꺾을 생각은 없다. 가상의 생각으로 현실을 보려는 것이 문제이다. 그것은 착시다. 현실은 오감으로 관찰해야 정확하다. 자연의 질서는 시간과 공간을 분리하여 인식할 수 없기 때문이다.

과거에 비하여 현대인들은 사물을 관찰하는 능력이 급격하게 떨어지고 있다. 관찰력의 퇴화는 인식과 실천의 약화를 초래한다는 점에서 심각한 문제이다.

성찰省察이 자기 안을 보는 눈이라면, 관찰觀察은 자기 밖을 보는 눈이다. 성찰과 관찰은 병행하는 것이 이상적이다. 마치 한쪽 눈만 사용할 경우 쉽게 피로를 느낄 뿐만 아니라, 초점을 잡기 어려운 것과 같은 이치다.

기존에는 성찰은 주로 인문학에서 다루어지고 관찰은 과학에서 다루었다. 그러다 보니 사물을 보는 눈이 안과 밖으로 이원화되어 사물인식에 편중을 가져왔다.

관찰은 가장 세련된 공부법이다. 인문학을 하려면 인간을 살필 줄 알아야 한다. 눈을 크게 뜨고 사람들의 말과 행동을 하나하나 관찰해야 한다. 인문지식으로는 볼 수 없는 것을 관찰을 통해서는 볼 수 있다. 관찰은 시간과 공간을 동시에 사용하는 능력이기 때문이다. 과학을 제대로 하려면 사회현상과 자연현상을 관찰할 수 있어야 한다. 그래야 과학의 이론을 주도적으로 이해하고 현상을 창조적으로 설명할 수 있는 역량이 생긴다.

　세상은 살아있는 교과서다. 그동안 교과서를 너무 편협하게 규정했다. 가정은 행복을 관찰하는 과목이나. 학교는 진리를 관잘하는 과목이다. 사회는 자기실현을 관찰하는 과목이다. 세계는 사랑을 관찰하는 과목이다. 우주자연은 존재이유를 관찰하는 과목이다.

　건강한 관찰력은 미래세상을 사람의 향기로 가득 차게 그릴 것이다. 공상영화는 영화일 뿐이다. 공상과학영화에서 보여주는 것들은 인류가 꿈꾸는 사회는 결국 로봇과학이 지배하는 사회가 아니라, 다시 사람의 정이 지배하는 사회로 돌아온다는 메시지이다.

　대한민국의 청소년들이 30년 뒤 세상을 가장 한국적인 정情이 살아있는 모습으로 그리는 날이 오길 기대한다.

■ 가치 덕목 : 관찰

>> 1단계 견見 – 관찰에 대해서 살피는 봄뚜기 단계

1. 자신과의 관계에서 관찰 살피기

2. 부모형제와의 관계에서 관찰 살피기

3. 친구(동료)와의 관계에서 관찰 살피기

4. 이웃과의 관계에서 관찰 살피기

5. 학교(직장)에서 관찰 살피기

6. 사회 · 국가와의 관계에서 관찰 살피기

1. 관찰에 대한 명언 필사하고 낭독하기

2. 영화, 책, 그림 등 관찰을 공감할 수 있는 자료 소개하기

3. 관찰이 왜 중요한지 목적 소개하기

4. 당장 실천할 관찰 계획 세우기

▶▶ 3단계 습^習 - 관찰에 대하여 익히는 흥뚜기 단계

1. 관찰 의지 - 좋다, 싫다 선택하기

졸업 작품으로 꽃을 주제로 한 그림을 그리기로 했다. 마침 꽃박람회가 있어서 직접 가보려고 했는데, 날씨가 안 좋아서 망설여졌다. 그래서 그냥 집에 있는 꽃 사진을 보고 그려야겠다고 마음먹었다.

2. 관찰 의지 - 낫다, 못하다 선택하기

막상 사진을 보고 그리려고 하니 실물을 관찰하고 그리는 것보다 못하다는 생각이 들었다. 힘들어도 직접 가서 보고 그리는 것이 더 나을 것 같아 꽃박람회장에 가기로 결심했다.

3. 관찰 의지 - 옳다, 그르다 선택하기

꽃박람회장에 가서 꽃그림을 그리는데 생각보다 그림이 잘 그려지지 않는다. 사진이 아닌 생생한 꽃을 보기만 하면 좋은 그림이 나올 줄 알았는데……. 기대하는 결과를 얻지 못했다. 그 이유는 꽃을 단순히 그림의 소재로만 보는 나의 마음 때문인 것 같다. 좋은 작품은 꽃의 진정한 모습을 표현하는 것이다. 꽃을 관찰하는 나의 마음상태가 얼마나 올바른지 그것이 중요할 것 같다.

▶▶ 4단계 통^通 - 관찰에 대하여 대화 나누는 한(하나)뚜기 단계

1. 대화 일시 및 장소

2. 이야기를 나눈 사람

3. 주요 대화 내용

4. 이야기를 나눈 소감

>> 5단계 성誠 – 관찰을 일상생활에서 실현하는 꿈뚜기 단계

1. 가정에서 관찰을 어떻게 실행하는지 이야기해보자.

2. 학교에서 관찰을 어떻게 실행하는지 이야기해보자.

3. 직장에서 관찰을 어떻게 실행하는지 이야기해보자.

4. 이웃(사회)과 마주할 때 관찰을 어떻게 실행하는지 이야기해보자.

5. 국가와 마주할 때 관찰을 어떻게 실행하는지 이야기해보자.

6. 인류와 마주할 때 관찰을 어떻게 실행하는지 이야기해보자.

나는 항상 누군가에게 선물을 줄 때 그 사람에 관해 먼저 곰곰이 생각한다. 평소 그가 좋아하는 것이나 그가 필요로 할만 한 것 등을 잘 살펴보는 것이다. 돈을 주고 비싼 물건을 사는 것으로 상대에게 내 마음을 전달하는 것으로 끝낼 수도 있지만, 선물이란 그보다는 상대가 정말로 좋아하고 갖고 싶은 것으로 준비하는 것이 좋다고 생각하기 때문이다.

또 이러한 선물을 고르기 위해서는 평소에 상대방에 대한 관심을 갖고 잘 관찰하는 것이 필요하다. 이처럼 관찰의 결과로 생각해 낸 선물을 전달하면 대부분 선물이 갖는 물적 가치 이상으로 나의 마음씀씀이에 고마워하고 기뻐한다. 나 또한 기쁨이 되는 선물을 할 수 있었던 것에 마음이 뿌듯해진다.

이렇게 주변이나 사소한 것의 관찰에서 출발하여 서서히 범위를 넓혀가면서 인간과 사회에 대한 관찰의 덕목을 수련할 수 있지 않을까 생각해 본다.

●●몰입 – 몰입沒入을 잘 하는 사람은 헛된 욕심이 없다

요즘 학부모들은 아이들이 산만하고 집중력이 떨어진다며 야단이다. 이것은 대인관계와 학습에 직접적인 영향을 끼치기 때문이다. 그래서 그 해결방안으로 바둑이나 펜싱 학원에 보내기도 한다. 증상이 조금 더 심하다 싶으면 전문가를 찾는다. 관대한 상담전문가는 청소년기의 특징일 수 있으니 너무 예민하게 반응하지 말고 더 관찰해보며 기다려주라 한다. 예민한 전문가는 주의력 결핍장애인 ADHD로 분류하여 적극적인 치료를 권유하기도 한다.

집중력의 결여는 아이들만의 문제가 아니다. 현대는 성인들도 산만하다. 여럿이 모여 대화할 때도 자기 말 하기에 바빠 남의 말 들어주기에는 인색하다. 집에 있어도 가만히 쉬질 못한다. 텔레비전을 켜거나 컴퓨터나 휴대폰을 끼고 있어야 편하다. 왜 그럴까? 감각을 제어하는 능력이 떨어지기 때문이다. 자기조절능력이 점점 더 저하되고 있는 것이다. 외물을 보면 마음은 쉽게 벌떡거린다. 잡념이 들어오면 정신은 그에게 자리를 내준다. 기호의 욕구를 채워주지 않으면 불안해진다.

감각을 제어하는 능력을 기르기 위해서는 몰입沒入 훈련이 필요하다. 몰입은 에너지를 집약적으로 사용하는 능력이다. 몰입 훈련 1단계는 아무리 단순하고 작은 일이라도 한번 시작한 일은 마무리 짓는 습관을 들여야 한다. 그 과정에서 감각의 욕구와 싸워 이기는 능력이 길러지기 때문이다.

2단계는 몰입의 기본원리를 이해하고 그 환경을 만들어 나가는 것이 중요하다. 사람은 분위기에 쉽게 동화되기 때문이다. 몰입의 원리는 '긴장과 이완' 이다.

현대인들은 긴장의 연속이다. 학생들은 학교에서 정규수업을 마치고 집에 오면 긴장을 풀 시간을 주지 않는다. 학원, 과외 등 공부에 연속이다. 그나마 이완적 성격이라 볼 수 있는 예술과 체육도 레슨의 개념이 붙게 되면 긴장을 늦출 수 없다. 직장인들도 마찬가지다. 직장을 마치고 집에 들어오면 편히 쉴 분위기가 아니다. 자녀교육 문제에 긴장해야 하고, 가정사 갈등문제에 긴장해야 하고, 노후문제에 대해서도 긴장을 해야 한다. 현대인들은 누구나 한시도 긴장을 늦출 수가 없다. 지속되는 긴장 속에서는 몰입을 할 수 없다.

몰입을 잘 하는 사람은 헛된 욕심이 없다. 몰입 훈련 3단계는 과욕을 버리는 연습이다. 현대인들은 불필요한 욕심이 너무 많다. 내 것이 아니면 버리는 연습이 필요하다. 호흡의 원리처럼 숨을 토해내야 숨을 들이마실 수 있는 것이다.

 가령 지식과 정보도 많이 가지고 있다고 해서 반드시 좋은 것은 아니다. 불필요한 정보는 도리어 머리에 과부하가 걸려 에너지를 분산시킬 뿐이다. 그럼에도 불구하고 우리는 지식과 정보에 항상 목말라하고 있다. 삶에도 '선택과 집중'이 필요한 시대다.

 몰입은 집착과는 다르다. 몰입이 주도성에서 비롯된 것이라면, 집착은 불안증에서 비롯된 것이다. 따라서 몰입은 자기조절능력을 강화시켜준다. 주위상황을 살펴보고 필요한 것을 선택적으로 해결하는 능력이기 때문이다. 그러나 집착은 불안의 방어기제이기 때문에 자발적 선택이라기보다는 외부환경의 강압적 선택에 가깝다. 집착은 일방향의 관계 맺기이며 고정관념과 중독으로 흐르기 쉽다.

 업적을 남긴 개인이나 집단은 몰입의 정신이 살아있다. 그것은 시간과 에너지를 낭비하지 않기 때문이다. 따라서 우리는 에너지가 낭비되는 곳은 없는지 철저히 점검하는 자세가 필요하다.

 그리고 에너지가 새는 곳을 발견하면 그 원인을 감각의 욕구와 관련지어 살펴보고 과감하게 쳐내는 용기가 필요하다. 그러면 차츰 정신을 차리게 되고 정신이 들면 가만히 있어도 심심하지 않게 되어 이완의 상태를 유지할 수 있다. 이완을 즐기는 사람은 몰입을 아는 사람이다.

■ 가치 덕목 : 몰입

>> 1단계 견見 – 몰입에 대해서 살피는 봄뚜기 단계

1. 자신과의 관계에서 몰입 살피기

2. 부모형제와의 관계에서 몰입 살피기

3. 친구(동료)와의 관계에서 몰입 살피기

4. 이웃과의 관계에서 몰입 살피기

5. 학교(직장)에서 몰입 살피기

6. 사회 · 국가와의 관계에서 몰입 살피기

>> 2단계 학學 – 몰입에 대하여 깨닫는 알뚜기 단계

1. 몰입에 대한 명언 필사하고 낭독하기

2. 영화, 책, 그림 등 몰입을 공감할 수 있는 자료 소개하기

3. 몰입이 왜 중요한지 목적 소개하기

4. 당장 실천할 몰입 계획 세우기

>> 3단계 습習 - 몰입에 대하여 익히는 흉뚜기 단계

1. 몰입 의지 - 좋다, 싫다 선택하기

2. 몰입 의지 - 낮다, 못하다 선택하기

3. 몰입 의지 - 옳다, 그르다 선택하기

>> 4단계 통通 - 몰입에 대하여 대화 나누는 한(하나)뜨기 단계

1. 대화 일시 및 장소

2012년 4월 27일 오전 11시, 시청 앞 커피숍

2. 이야기를 나눈 사람

스터디그룹 선생님들

3. 주요 대화 내용

스터디그룹 멤버들과 함께 몰입의 경험에 대해 이야기를 한 적이 있다. 멤버 중 한 명이 이런 경험을 말했다.

"예전에 역사 연구 과제를 맡게 되어 처음에는 몇 시간만 집중적으로 일하면 끝날 줄 알았습니다. 하지만 주제가 너무 어렵고 복잡하여 난상토론이 벌어졌고 의

견은 좀처럼 모아지지 않았습니다. 성과는 없고, 시간은 흘러가고, 그때 멤버 중
한 사람이 노래방에서 머리를 식혀보자고 제안했습니다. 그래서 인근 노래방으로
가 한 시간 정도 신나게 노래를 부르고 다시 주제 토론을 했습니다. 그랬더니 이
전보다 몰입도가 높아져 의외로 쉽게 결론에 도달해서 연구 과제를 무사히 마칠
수 있었습니다."

4. 이야기를 나눈 소감

노래방이 역사 연구 과제 스터디에 잘 어울리는 조합은 아니지만 이처럼 '이완'
을 통해서 '몰입'이 더욱 잘 될 수 있도록 해준다는 것을 알게 되었다. 몰입에
대해서 평소에는 무조건 '집중'하는 것이라고만 생각했는데, 이번 대화를 통해
새로운 느낌을 갖게 되었다. 몰입은 '긴장과 이완의 조화로운 결합'이란 점에
공감할 수 있었다.

>> 5단계 성誠 – 몰입을 일상생활에서 실현하는 꿈뚜기 단계

1. 가정에서 몰입을 어떻게 실행하는지 이야기해보자.

2. 학교에서 몰입을 어떻게 실행하는지 이야기해보자.

3. 직장에서 몰입을 어떻게 실행하는지 이야기해보자.

4. 이웃(사회)과 마주할 때 몰입을 어떻게 실행하는지 이야기해보자.

5. 국가와 마주할 때 몰입을 어떻게 실행하는지 이야기해보자.

6. 인류와 마주할 때 몰입을 어떻게 실행하는지 이야기해보자.

최근 어느 한 단체를 통해 인성이라는 주제로 관련 모임을 가졌다. 아이 교육에 있어 인성은 예나 지금이나 중요하다. 하지만 요즘 들어 인성교육이 더욱 부각되는 이유는 아이들이 공부는 잘할지 모르나, 학교나 가정에서 자기 자리를 찾지 못하고 자신을 점점 잃어 가고 있다는 것이다. 이로 인해 사회문제가 되고 있는 자살이라는 극단적인 상황으로 몰고 가고, 심지어는 친구를 죽이는 일까지 일어나고 있다.

나는 아이들 교육에 관심이 많아 평소에도 공부와 인성 간의 관계에 대해 고민을 하는 편이다. 공부 잘하는 아이로 키울 것인가? 인성이 바른 아이로 키울 것인가? 과연 공부도 잘하고 인성이 바른 아이는 얼마나 될까?

인성을 주제로 한 이 모임은 나의 관심과 일치하여 무척 흥미롭게 다가왔다. 주어진 과제는 인성과 관련된 여러 가지 하위 항목을 정해서 아이들에게 쉽게 다가갈 수 있는 프로그램을 만드는 것이다. 아직 시작단계이지만 몇 주간의 과제를 하면서 인성모임에 몰입을 하게 되었다.

●●상통 – 문과와 이과는 서로 통한다

출근을 하려고 아파트 현관에서 신발을 신고 있는데 앞집에서 먼저 출입문을 열고 나오는 소리가 난다면 당신은 어떻게 하겠는가? 기다렸다는 듯이 망설이지 않고 나간다면 문과형이고, 조금 기다렸다가 앞집사람이 밖으로 나간 다음에 출발하는 사람은 이과형에 가깝다는 농담을 들은 적이 있다.

정책적으로는 고등학교에서 문과와 이과를 구분하지 않겠다지만 현실은 아직도 문과형과 이과형 인재를 구분하고 있다. 이것은 다분히 인간을 도구적 존재로 인식한 발상이다. 교육적 관점에서 보면 고등학교까지는 문과와 이과뿐만이 아니라 예체능까지도 통합적으로 진행하는 것이 맞다.

　다행히 요즘 융합형인재를 기르기 위한 다양한 노력들이 행해지고 있다. 창의적 체험활동의 전면적인 도입이나 체육활동의 확대 등이 그것이다. 21세기 글로벌시대는 파편화된 기능인을 원하지 않는다. 부분에 치우쳐 전체를 보지 못하는 오류를 범하기 때문이다. 따라서 미래형인재는 인간과 사회 그리고 자연을 두루 이해한 상태에서 그 속에서 자기의 역할을 수행하는 능력을 요구한다.

　세무서에 단체등록 문제로 방문을 한 적이 있었다. 물론 방문하기 전에 민원실에 전화를 해서 준비서류가 무엇인지 알아보고 출발했다. 준비서류를 갖춘 다음 세무서를 방문해서 안내원에게 이 업무를 보려면 어디로 가야 하느냐고 물었다. 그랬더니 민원실로 안내를 해주었다. 번호표를 뽑고 40분 정도 기다리다 창구로 갔는데 다른 부서로 가라는 것이었다. 조금 허탈했다. 다른 부서로 가서 다시 번호표를 뽑고 50분가량 기다렸는데 이번에는 추가서류를 요구해 그냥 돌아와야 했다. 다음날 추가서류를 준비해서 다시 번호표를 뽑아 40분 정도 기다리다 창구에서 상담을 하는데 직인이 필요하다며 번거롭더라도 다시 한 번 방문해 달라는 것이다. 부랴부랴 근처에서 도장을 준비한 다음 다시 번호표를 뽑아들고 있다가 겨우 접수를 마칠 수 있었다.

　현대인들은 파편적인 사고에 길들여져 있다. 무엇을 보더라도 내가 정한 부분만을 보려 한다. 전체를 보는 눈이 부족하다. 이것은 내 일과 다른 사람의 일을 구분하는 능력과는 다른 개념이다. 즉, 원래 일은 하나인데 편의상 역할을 구분해서 수행하는 것이다. 따라서 일을 수행하는 사람은 전체를 알고 나서 그 가운데 부분의 역할을 하는 것이 원칙이다. 그래서 어느 곳이든 안내원의 역할이 중요하다.

글로벌시대는 넘나들기와 가로지르기가 필요한 시대다. 이것이 상통 相通이다. 엔지니어라고 하더라도 인문학과 사회과학 그리고 예술을 알아야 한다. 반대로 작가라 하더라도 자연과학과 예술의 세계를 알아야 한다. 예술가 역시 사회과학과 자연과학을 알아야 한다. 진리는 통한다는 말이 있다. 인간과 사회와 자연은 유기체이기 때문이다.

 **'뚜기' 인성수련법**

■ 가치 덕목 : 상통

>> 1단계 견見 – 상통에 대해서 살피는 봄뚜기 단계

1. 자신과의 관계에서 상통 살피기

2. 부모형제와의 관계에서 상통 살피기

3. 친구(동료)와의 관계에서 상통 살피기

4. 이웃과의 관계에서 상통 살피기

5. 학교(직장)에서 상통 살피기

6. 사회 · 국가와의 관계에서 상통 살피기

1. 상통에 대한 명언 필사하고 낭독하기

2. 영화, 책, 그림 등 상통을 공감할 수 있는 자료 소개하기

3. 상통이 왜 중요한지 목적 소개하기

4. 당장 실천할 상통 계획 세우기

>> 3단계 습習 - 상통에 대하여 익히는 홍뚜기 단계

1. 상통 의지 - 좋다, 싫다 선택하기

2. 상통 의지 - 낫다, 못하다 선택하기

3. 상통 의지 - 옳다 ,그르다 선택하기

>> 4단계 통通 - 상통에 대하여 대화 나누는 한(하나)뚜기 단계

1. 대화 일시 및 장소

2. 이야기를 나눈 사람

3. 주요 대화 내용

4. 이야기를 나눈 소감

>> 5단계 성誠 – 상통을 일상생활에서 실현하는 꿈뚜기 단계

1. 가정에서 상통을 어떻게 실행하는지 이야기해보자.

    집안일을 할 때 여자 일, 남자 일을 구분 짓지 않고 시간과 여건이 허락하는 한
    열심히 집안일을 도우려고 애쓰고 있다.

2. 학교에서 상통을 어떻게 실행하는지 이야기해보자.

그동안 '이과형'이라 실용서 위주로만 읽었는데, 요즘은 교양서적을 두루두루 읽으려 노력하고 있다. 미래는 문과형과 이과형을 구분 짓지 않고 학문간 넘나들기를 해야 시대가 요구하는 창의적 융합형 인재가 될 수 있다는 것이다.

3. 직장에서 상통을 어떻게 실행하는지 이야기해보자.

분야별로 다양한 의견을 수렴해야 보다 종합적인 새로운 발상의 업무전환이 가능해진다. 때문에 부서가 다른 직장 동료들과도 열린 마음으로 서로의 의견을 교환하고 있다.

4. 이웃(사회)과 마주할 때 상통을 어떻게 실행하는지 이야기해보자.

아파트 부녀회에서 독서실 공간에 대한 운영 문제로 모임을 가졌다. 그런데 극단적인 의견 대립으로 급기야는 아예 독서실을 없애자며 서로 심각한 감정 대립까지 가게 되었다. 나는 양쪽 의견 모두 서로 통하는 점이 있는데 단지 실행방법이 달라서 충돌하는 것이 아니냐며 자녀교육을 위한 독서실 설치의 첫 마음으로 돌아가서 이 문제를 해결하자고 제안했다. 상통의 원리를 실행한 보람이 있었다.

5. 국가와 마주할 때 상통을 어떻게 실행하는지 이야기해보자.

예전에는 내가 지지하는 당의 정책만 옳고 그렇지 않은 당이 제안한 정책은 제대로 살펴보지도 않고 반대를 했었다. 하지만 지금은 정당들 모두 국민을 위해 나름대로 최선의 정책을 내놓는다는 것을 알고 양쪽의 입장을 모두 살피고 있다. 그래서 지금은 여당, 야당을 가리지 않고 각 당의 정책에 비중을 두어 지지여부를 결정한다. 정당보다는 정책에 더욱 관심을 두고 국정을 바라보고 있다.

6. 인류와 마주할 때 상통을 어떻게 실행하는지 이야기해보자.

지난 4월, 방콕의 카오산 로드란 곳을 갔다가 물폭탄(?)을 맞았다. 그 바람에 새로 산 옷이랑 여권이 물에 젖어버렸다. 처음에는 영문도 모르고 물에 빠진 생쥐 꼴이 되어버려 기분이 무척 나빴지만, 각 나라마다 서로 통하는 독특한 의미가 있을 거라는 생각에 짧은 영어로 옆자리 태국인에게 물어보았다. 그랬더니 마침 그날이 태국 설날인 송크란 축제일로 상대방에게 물을 뿌리는 것은 새해의 축복을 기원하는 의미를 담은 것이라는 것을 알게 되었다. 사정을 알게 된 후, 축복이라는 인류 공통의 의미를 느끼고 싶어 버스를 내려 축제를 함께 즐겼다.

초등학교 방과 후 교실에서 다양한 요리를 접목한 글쓰기 수업을 하다 보면 학생들이 유난히 요리사나 푸드스타일리스트, 파티시에 등 요리 관련 쪽으로 자신이 되고 싶은 직업을 발견한다.

기존의 틀을 깰 수 있는 것은 자신이 잘할 수 있는 것을 바탕으로, 현재 하고 있는 일과 관련지어 다양한 시도를 해봄으로써 가능하다고 본다. 당연히 학문과 학문 또는 분야와 분야 사이의 넘나들기가 필요하다. 관심이 없었던 일도 상통으로 파악하면 몰랐던 흥미를 가지게 된다. 그 흥미가 새로운 학문으로 이끄는 것 같다. 다양한 경험과 취미생활은 소중한 만남과 관계로 이어져 개인이 더욱 발전할 수 있는 계기가 된다. 일정 수준의 능력은 누구에게나 있다. 소질과 능력에 따라 할 수 있는 일을 기대하고 가능성에 대한 희망과 용기를 줄 때 누구나 열정적으로 자기 삶을 살 수 있고 전문가가 될 수 있다.

이번에 상통의 덕목에 관한 '뚜기' 인성수련법을 경험하면서 내가 부족하거나 넘나들지 못한 부분을 찾아 자신감 있게 도전할 용기를 얻었다. 넘나드는 공부는 서로 시냅스 효과를 주어 배우는 과정에서 큰 깨달음을 준다. 우리가 잘 할 수 있는 것만 내세우다 보면 그것만 고집하려는 편협한 생각을 하게 되어 크고 넓게 세상을 바라보지 못한다. 관심 있는 다양한 분야를 상통의 덕목으로 공부하다 보면 생각지도 않은 분야에서 행복의 여신이 내 앞에 와 미소 짓고 있지 않을까?

174

● ● 협력 – 자발적인 협력은 축제다

예술의 본성은 아름다움이다. 무엇이 아름다움인가? 미美는 인간이 만든 교육적 개념이다. 자연은 인간처럼 아름다움을 위해 예술 활동을 하지는 않기 때문이다. 불완전한 인간은 완전해지고자 하는 마음에서 완전에 가까운 상태를 아름다움으로 부르기 시작했다. 그리고 그 완전함을 추구하는 행위를 예술이라고 한다. 예술의 속성은 조화와 균형이다. 조화와 균형으로 완전함에 도전하는 것 그래서 예술은 완성도를 가지고 평가한다. 어려운 환경 속에서도 균형을 잃지 않고 올곧은 삶을 살아가는 사람들을 보면 아름다움이 느껴진다. 화단에 꽃나무가 가지와 잎, 꽃, 색채가 모두 균형과 조화를 이루고 있을 때 우리는 아름다움을 느낀다.

교육적 관점에서는 독주보다는 합창이 더 아름답다. 음악성만을 놓고 본다면 독주의 완성도가 더 높을 수 있다. 변인들을 최소화하면서 자기 통제력을 발휘할 수 있기 때문이다. 조건적으로 보면 합창은 음악적 완성도를 높이기가 매우 어렵다. 지휘자의 통제력에 일사불란하게 움직이는데 변인들이 너무 많기 때문이다. 그런데 그 변인들을 줄여나가기 시작하면 독주와는 차원이 다른 더 큰 조화와 균형의 세계를 연출할 수 있다.

합창의 묘미는 서로 부족한 부분을 채워가며 더 큰 세계를 창조하는 협력協力의 정신에 있다. 그래서 협력은 사회예술이다. 잘난 독불장군이 많은 사회보다는 조금씩 부족해도 서로 부족한 부분을 채워나가는 사회가 더 아름답다. 대한민국은 지금 협력의 철학을 가르치고 배워야 한다. 구성원들이 저마다 다른 곳을 보고 살아가고 있기 때문이다.

자발적인 협력은 원활한 소통을 창출한다. 협력은 공동의 목적과 목표를 이루려는 데에서 출발하기 때문이다.

그런데 지금 한국사회는 공동의 목적과 목표가 불확실하다. 그렇기 때문에 소통할 거리가 없는 것이다. 소통과 협력, 협력과 소통은 수레의 양 바퀴다. 구성원들 사이에 소통이 잘 이루어져야 협력이 쉽다. 반대로 협력이 잘 되어야 소통이 원활하다. 구성원 모두가 한 배를 타고 있음을 다시 일깨워야 한다.

협력의 마인드가 있는 사람은 큰 사람이다. 자기 혼자 그린 그림과 구성원 전체가 함께 그린 그림을 넘나들며 수용할 수 있기 때문이다. 우리는 원래 협력의 철학을 실천해 온 민족이다. 우리 역사를 보면 국가가 어려움에 처해 있을 때 모두가 한마음으로 똘똘 뭉쳐 그 난관을 극복한 사례는 일일이 열거할 수 없을 정도로 많다. 이제는 이 정신을 보다 적극적으로 활용해야 할 시점이다. 협력은 꼭 어려움이 닥쳐야만 사용하는 가치가 아니다.

2002년 월드컵은 가장 한국적인 협력의 정신을 보여준 사례이다. 남녀노소, 빈부, 국적, 종교를 가리지 않고 붉은 티셔츠와 태극기를 들고 광장에 모였다. 그곳에서는 8강 진출이라는 공동의 목적과 목표가 있었다. 그래서 리더는 간단한 몸짓과 구호만 제시했는데도 광장에 모여든 많은 사람들은 곧 하나의 동작과 한 목소리로 하모니를 연출해냈다. 협력은 자발적일 때 축제가 된다. 가정에서, 학교에서, 직장에서, 사회에서, 국가에서 자발적 협력이 살아나야 한다. 그것이 글로벌시대를 살아가는 소통의 지혜이다.

'뚜기' 인성수련법

■ 가치 덕목 : 협력

>> 1단계 견見 – 협력에 대해서 살피는 봄뚜기 단계

1. 자신과의 관계에서 협력 살피기

   내가 하고자 하는 일에 내 정신과 마음, 몸은 대부분 서로 일치하지 않는다. 몸은 쉬고 싶은데 마음은 해야 된다고 하고, 정신은 몸을 따라가려고 한다.
   그런 연유로 지난겨울, 김장을 직접 담가 가족들에게 맛있는 김치를 선보이려고 했던 나와의 약속을 지키지 못했다.

2. 부모형제와의 관계에서 협력 살피기

   어릴 적 운동회 날은 최고로 신나는 날이었다. 늘 일 때문에 바쁜 부모님도 함께 하는 날이라 더 행복했는지 모른다. 운동회 날 평소에는 아버지와 함께 시간을 보낼 기회가 없는데 아빠와 함께 하는 2인3각 경기에 나가게 되었다. 출발하기 전에는 약간 어색했지만 경기가 시작되자 아버지와 나는 한마음이 되어 최선을 다해서 달렸다. 결과는 1등. 30년이 지난 지금도 기억이 생생하다.

3. 친구(동료)와의 관계에서 협력 살피기

시스템 개발 때문에 연일 야근을 하던 중, 일찍 퇴근한 동료가 야식을 사가지고 밤늦게 사무실로 찾아왔다. 일이 너무 바빠 저녁도 못 챙겨먹고 배가 고프던 참이었는데 너무 고마웠다. 더 감사했던 것은 동료의 따뜻한 마음이 배달되어 왔다는 사실이었다. 덕분에 힘을 내어 일을 멋지게 마무리할 수 있었다.

4. 이웃과의 관계에서·협력 살피기

밤늦은 시간에 주차장에 차를 주차하고 집으로 들어가려는데, 주차장 구석에서 이웃이 펑크난 차바퀴를 바꾸느라 애를 쓰고 있었다. 밤이라 주변이 어두워 무척 힘들어 보였다. 나는 차에 있던 손전등을 꺼내와 비춰주며 작업을 도와주었다. 그 이웃은 몇 번이나 고마워했다.

5. 학교(직장)에서 협력 살피기

환경미화 심사에 앞서 대대적인 교실 대청소를 하기로 했다. 반 친구들 모두 협력해서 맡은 구역을 자신의 방처럼 깨끗이 청소했다. 당연한 결과로 선생님들마다 우리 반이 제일 깨끗하다며 한 마디씩 칭찬해주었다.

6. 사회·국가와의 관계에서 협력 살피기

핵안보정상회의 기간에 자동차 홀짝수제 운행이 권장되었다. 강제 사항은 아니었지만 원활한 회의운영을 바라는 시민들의 자발적 참여로 큰 문제없이 국가적 행사가 잘 마무리되었다.

글로벌 시대 꼭 갖추어야 할 핵심 역량가치 15가지

1. 협력에 대한 명언 필사하고 낭독하기

2. 영화, 책, 그림 등 협력을 공감할 수 있는 자료 소개하기

3. 협력이 왜 중요한지 목적 소개하기

4. 당장 실천할 협력 계획 세우기

▶▶ 3단계 습習 - 협력에 대하여 익히는 흥뚜기 단계

1. 협력 의지 - 좋다, 싫다 선택하기

2. 협력 의지 - 낫다, 못하다 선택하기

3. 협력 의지 - 옳다, 그르다 선택하기

▶▶ 4단계 통通 - 협력에 대하여 대화 나누는 한(하나)뚜기 단계

1. 대화 일시 및 장소

2. 이야기를 나눈 사람

3. 주요 대화 내용

4. 이야기를 나눈 소감

>> 5단계 성誠 – 협력을 일상생활에서 실현하는 꿈뚜기 단계

1. 가정에서 협력을 어떻게 실행하는지 이야기해보자.

2. 학교에서 협력을 어떻게 실행하는지 이야기해보자.

3. 직장에서 협력을 어떻게 실행하는지 이야기해보자.

4. 이웃(사회)과 마주할 때 협력을 어떻게 실행하는지 이야기해보자.

5 .국가와 마주할 때 협력을 어떻게 실행하는지 이야기해보자.

6. 인류와 마주할 때 협력을 어떻게 실행하는지 이야기해보자.

결혼생활 동안 한 번도 다투지 않는 부부는 아마 없을 것이다. 얼마 전 어떤 부부의 이야기를 들었다.

남편은 모든 일에 거침없는 아내의 성격을 못마땅해한다. 하지만 아내의 성격은 원래부터 그렇다. 남편은 아내의 성격을 바꾸고 싶어 한다. 또한 아이들의 음식을 직접 해 먹이기를 원하는데 아내는 동의하지 않고, 독서를 통해 자기계발을 하라고 하는데 아내는 책을 무척 싫어 한다.

남편은 이런 아내를 처음부터 몰랐던 것일까? 설사 그렇더라도 가정을 꾸렸으면 동반자로서 각자의 개성을 인정하는 범위 내에서 서로에게 요구를 해야 한다. 부족한 부분을 서로 채워주려는 마음에서 나오는 협력이 필요하다.

●● 정의 – 정의는 사회구성원들이 함께 만들어가는 공공의 집과 같다

서양의 철학자 플라톤은 『국가』에서 정의正義란 '모두에게 유익한 것'이라고 말했다. 정말 플라톤의 말대로 모두에게 유익한 것이 있을까? 설령 있다고 하더라도 사회에서 실현할 수 있는 가치일까? 누구나 이런 의구심은 품을 것이다.

예나 지금이나 대개 정의는 강한 사람들의 전유물로 여겨지기 쉽다. 정의正義를 정의定義 내리고 설계하고 집행하고 관리, 감독하는 사람들은 모두 강한 사람들이기 때문이다. 그럼에도 불구하고 플라톤은 집요하게 대화법을 사용하여 정의는 모두에게 유익한 것이라고 설득한다.

동양의 철학자 공자는 『논어』에서 정의란 '때에 맞게 행하는 것'이라고 이야기한다. 시중時中의 논리인데, 그때그때마다 상황에 가장 잘 맞는 판단을 내리는 것이 정의라는 것이다. 이 역시 기준도 모호하고 실천하기 어려운 덕목이다.

그래서 공자는 제자들과 다양한 삶의 실천적 사례들을 논의하면서 배우고 익히기를 즐긴 것이다. 가령 아버지가 이웃집 소를 훔쳤는데 경찰서에서 조사를 나와 자식에게 진위를 캐물었을 때 자기 아버지를 강도라고 말하는 것이 정의일까? 아니면 감추어주는 것이 정의일까?

공자는 감추어주는 것이 정의라고 말한다. 진위를 가르는 사회적 규범보다는 부모와 자식이라는 하늘이 맺어준 끈이 더 소중하다는 이유에서다. 인간관계에서는 작은 것을 얻기 위해서 더 큰 것을 잃어버리는 우를 범하지 말라는 이야기다.

플라톤과 공자는 정의라는 가치를 통해서 무엇을 이야기하고 싶은 것일까? 그것은 아마도 소통의 소중함을 일깨워주려는 듯하다. 정의는 다름이 아니라 소통의 기준인 것이다. 정의가 강자의 이익으로 인식되는 사회는 강자와 약자는 서로 적대적인 관계가 성립된다. 그들 간 대화는 소통이 아니라 협상이다. 인간관계에서도 마찬가지다. 겉으로 드러난 현상을 보고 매뉴얼에 따라 판단을 하게 되면 소통이 아니라 판결이다.

정의는 인간과 인간이 신뢰를 쌓아가는 끈이다. 그래서 정의는 그 사회 구성원들이 만들어 가는 공공의 집과 같다. 그렇게 보면 우리 사회는 신뢰의 끈이 너무 약하다. 함께 살 수 있는 집이 그려지지 않는다. 그러다 보니 서로 각자 자기 집 만들기에만 바쁘다. 바로 옆집도 돌아볼 여유가 없다. 함께 주고받을 이야깃거리도 없다. 집과 집은 고립된다. 이웃과 이웃은 자연히 단절이다.

플라톤과 공자는 바로 이러한 단절의 상태를 염려하고 그 상태에서 벗어나는 방법으로 정의를 외쳤던 것이다. 이들은 정의는 자기를 신뢰하는 데서 출발한다고 말한다. 내 안에 있는 이데아를 인식하게 되면 나와 너와 우리는 하나가 된다.

그래서 개인과 국가는 서로 이름만 다를 뿐 동일한 형상으로 나타난다. 내 안에 있는 따뜻한 마음 인仁을 잘 키우면 그 마음은 태양과 같아서 온 천하를 비추고도 남는다. 그것이 수신제가치국평천하修身齊家治國平天下이다.

정의는 세상에 신바람을 불러일으키는 기운이다. 그 주인공은 자기다. 정의가 내 안에 있기 때문이다. 그동안 정의는 내 밖에 있는 것으로 인식하였다. 그래서 강자들의 전유물인 것으로 착각했다. 그렇다면 정의는 쟁취하는 것이 아니라 깨닫는 것이다. 정의는 정해진 것을 수동적으로 따르는 것이 아니라, 스스로 창조적으로 살아가는 것이다. 정의는 받는 것이 아니라 세상과 적극적으로 소통하는 것이다. 정의는 누구도 대신 지켜주지 않는다.

■ 가치 덕목 : 정의

>> 1단계 견見 – 정의에 대해서 살피는 봄뚜기 단계

1. 자신과의 관계에서 정의 살피기

2. 부모형제와의 관계에서 정의 살피기

3. 친구(동료)와의 관계에서 정의 살피기

4. 이웃과의 관계에서 정의 살피기

5. 학교(직장)에서 정의 살피기

6. 사회 · 국가와의 관계에서 정의 살피기

1. 정의에 대한 명언 필사하고 낭독하기

아리스토텔레스는 정의란 '사람들에게 그들이 마땅히 받아야 할 것을 주는 것'이라고 했다. 이 경우 누가 무엇을 받을 자격이 있는가를 결정하려면, 어떤 미덕에 영광과 포상을 주어야 하는가를 결정해야 한다. 또한 가장 바람직한 삶의 방식부터 심사숙고해야만 무엇이 정의로운 법인지를 알 수 있다고 주장한다.

2. 영화, 책, 그림 등 정의를 공감할 수 있는 자료 소개하기

『정의란 무엇인가?』 - 마이클 샌델

3. 정의가 왜 중요한지 목적 소개하기

정의는 행복을 극대화하고 자유를 존중하며 미덕을 기르는 행위의 의미라고 마이클 샌델은 『정의란 무엇인가?』에서 논하고 있다.

인간은 사회적 동물이다. 서로가 도와주며 살아가야 행복을 찾을 수 있다. 혼자서 산다면 그 행복을 찾을 수 없을 것이다. 하지만 요즘 세상은 이기주의가 만연하다. 나에게 득이 없다면 결코 움직이지 않는다. 내가 가질 수 있는 득보다는 남에게 줄 수 있는 득을 먼저 생각할 수만 있다면 그 사회는 정의로운 사회가 되지 않을까 싶다.

4. 당장 실천할 정의 계획 세우기

미래의 아이들을 위해서 내가 정의를 실천할 수 있는 것은, 아이들에게 해가 되는 것을 보았을 때 그냥 지나치지 않고 무언가를 해야 한다는 것이다.

- 아이들 정서에 해가 되는 성인용 게임을 금지하도록 PC방 운영자에게 건의한다.
- 모 PC방에서 성인용 게임을 초등학생들이 하고 있는 것을 보았는데 관할 구청에 그 PC방에 대한 민원을 제기한다.

>> 3단계 습習 - 정의에 대하여 익히는 흥뚜기 단계

1. 정의 의지 - 좋다, 싫다 선택하기

2. 정의 의지 – 낫다, 못하다 선택하기

3. 정의 의지 – 옳다, 그르다 선택하기

>> 4단계 통通 – 정의에 대하여 대화 나누는 한(하나)뚜기 단계

1. 대화 일시 및 장소

2. 이야기를 나눈 사람

3. 주요 대화 내용

4. 이야기를 나눈 소감

>> 5단계 성誠 – 정의를 일상생활에서 실현하는 꿈뚜기 단계

1. 가정에서 정의를 어떻게 실행하는지 이야기해보자.

2. 학교에서 정의를 어떻게 실행하는지 이야기해보자.

3. 직장에서 정의를 어떻게 실행하는지 이야기해보자.

4. 이웃(사회)과 마주할 때 정의를 어떻게 실행하는지 이야기해보자.

5. 국가와 마주할 때 정의를 어떻게 실행하는지 이야기해보자.

6. 인류와 마주할 때 정의를 어떻게 실행하는지 이야기해보자.

우리 집에서 조금만 걸어가다 보면 큰 길을 마주하고 유흥업소들이 몇 개 들어서 있다. 버스를 타려면 유흥업소 앞을 지나가야 하는데, 그럴 때마다 눈에 거슬리는 업소의 스탠드 광고에 절로 눈살이 찌푸려진다. 대형 스탠드 광고의 그림은 어른이 보기에도 민망할 정도이다. 주택가이고 아이들이 지나다니는 등굣길인데 이런 광고를 버젓이 하고 있다는 게 무척 화나는 일이다. 그리고 대형 풍선 스탠드 광고는 불법이다. 그래서 나는 구청에 민원을 넣었다.

그랬더니 다음날 아침, 대형 스탠드 광고가 없어진 게 아닌가. 그러더니 어느 순간 한참 동안 가게 문이 닫혀 있더니 결국 어느 날 업소가 없어지고 말았다. 정의의 힘을 새삼 느끼게 된 경험이었다.

나눔 – 나눔은 콩알 하나를 둘로 나누어 먹는다는 뜻이다

대한민국도 이제 선진국이다. 선진국의 기준 가운데 하나는 국민들의 봉사정신이다. 지금 한국은 봉사활동으로 뜨겁다. 초등학교 학생부터 대학생, 기업체, 일반 성인, 노인들에 이르기까지 광범위하게 진행되고 있다. 방송 프로그램에서도 봉사활동은 다큐멘터리로 종종 보도된다. 이제는 국내뿐만 아니라 국제무대에서도 활발하게 움직이고 있다. 봉사내용도 이웃 독거노인 도시락배달부터 아프리카 현지봉사까지 다양하다.

봉사는 나눔의 실천이다. 나눔은 내가 가지고 있는 것을 함께 공유하여 사용한다는 의미이다. 콩알 하나를 둘로 나누어 먹는다는 뜻이다. 말은 쉽지만 나눔을 실천하기란 대단히 어렵다. 내가 쓰고 남은 것을 남에게 주기도 어려운 세상인데 내 것을 나누어 쓴다는 게 말처럼 쉽겠는가? 역설적이게도 나눔이 어렵기 때문에 교육을 통해서 가르치고 사회적인 환경을 만들기 위해서 노력하는 것이다.

　사실 나눔의 기준에서 보면 선진국, 개도국, 후진국 개념구분은 무의미하다. 도리어 문명의 기준에서 구분한 저개발국일수록 나눔의 철학을 더 철저하게 실천하고 있다. 우리나라만 해도 그렇다. 과거 70년대가 지금보다는 경제적인 환경은 어려웠지만 나눔에 대한 문화는 더 살아있었다.

　이러한 관점에서 지금 우리 사회에서 유행처럼 번지고 있는 봉사활동은 다시 돌아볼 필요가 있다. 진정한 나눔은 소통이 전제되어야 한다. 서로 무엇을 가지고 있으며, 서로 무엇을 주고받아야 하는지 공유되어야 한다. 그래야 서로를 살리는 지속가능한 관계를 맺을 수 있다. 조건 없이 준다는 것과 서로 빈곳을 채워가는 것은 다르다. 조건 없이 준다고 해서 반드시 좋은 결과를 얻는다는 보장은 없다. 조건의 동기가 건강한지 그렇지 못한지가 더 중요하다.

　나눔은 상호적이다. 그래서 기쁘다. 일방적인 기부와는 다르다. 나눔은 마음이 섞인다. 그래서 정情이 들고 포근하다. 일방적인 희생과는 다르다. 나눔은 동심同心의 실천이다. 그래서 모든 사람이 아름답게 보인다. 일방적인 분배 원리와는 다르다. 나눔은 수신修身이다. 그래서 알려고 노력한다. 일방적인 마케팅전략과는 다르다.

　우리 선조들은 두레, 향약, 계 등의 이름으로 나눔의 철학을 실천해왔다. 그 여운은 지금도 우리 삶속 곳곳에 남아 있다. 그 씨앗을 다시 찾아 심고 가꾸어 나가야 한다. 그것이 글로벌시대 한국인이 세계무대에서 가르치고 이끌어야 할 미래형 봉사정신이다.

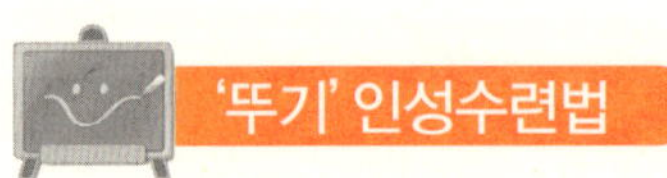

■ 가치 덕목 : 나눔

>> 1단계 견見 – 나눔에 대해서 살피는 봄뚜기 단계

1. 자신과의 관계에서 나눔 살피기

2. 부모형제와의 관계에서 나눔 살피기

3. 친구(동료)와의 관계에서 나눔 살피기

4. 이웃과의 관계에서 나눔 살피기

5. 학교(직장)에서 나눔 살피기

6. 사회 · 국가와의 관계에서 나눔 살피기

>> 2단계 학學 – 나눔에 대하여 깨닫는 알뚜기 단계

1. 나눔에 대한 명언 필사하고 낭독하기

2. 영화, 책, 그림 등 나눔을 공감할 수 있는 자료 소개하기

3. 나눔이 왜 중요한지 목적 소개하기

4. 당장 실천할 나눔 계획 세우기

>> 3단계 습^習 – 나눔에 대하여 익히는 홍뚜기 단계

1. 나눔 의지 – 좋다, 싫다 선택하기

나는 나눔을 실천하는 것은 무척 어려운 일이라고 생각한다. 왜냐하면 물리적으로든 물질적으로든 자기 자신을 희생해야 이루어질 수 있는 것이기 때문이다. 그래서 나는 나눔을 좋아하지 않는다.

2. 나눔 의지 – 낫다, 못하다 선택하기

힘들고 어려운 일이라 누구나 쉽게 나눔을 실천하지 못하는 것은 사실이다. 하지만 용기를 내어 어려운 이웃을 위해 일정한 시간과 물질적 나눔을 실천해보니 행복한 마음이 들었다. 그리고 나 자신을 점검하고 돌아보게 되어 보다 성숙해졌음을 느낀다.

3. 나눔 의지 – 옳다, 그르다 선택하기

나눔을 조금씩 실천하는 것이 내 생활의 일부가 되어가는 것 같다. 이런 내 모습이 스스로 뿌듯하고 올바른 삶을 살고 있다는 생각이 들어 스스로에게 칭찬을 해주고 싶다. '찬휘야, 참 잘하고 있다!'

>> 4단계 통通 – 나눔에 대하여 대화 나누는 한(하나)뚜기 단계

1. 대화 일시 및 장소

2. 이야기를 나눈 사람

3. 주요 대화 내용

4. 이야기를 나눈 소감

>> 5단계 성誠 - 나눔을 일상생활에서 실현하는 꿈뚜기 단계

1. 가정에서 나눔을 어떻게 실행하는지 이야기해보자.

2. 학교에서 나눔을 어떻게 실행하는지 이야기해보자.

3. 직장에서 나눔을 어떻게 실행하는지 이야기해보자.

4. 이웃(사회)과 마주할 때 나눔을 어떻게 실행하는지 이야기해보자.

5. 국가와 마주할 때 나눔을 어떻게 실행하는지 이야기해보자.

6. 인류와 마주할 때 나눔을 어떻게 실행하는지 이야기해보자.

 우리 주위에는 도움을 필요로 하는 사람들이 많다. 그걸 알면서도 사람들은 나눔을 거창하게 생각해서 잘 실천을 못 하는 것 같다. 나 자신도 선뜻 누군가를 위해 자신을 희생해야만 한다는 생각이 들어 나눔을 실천하는 데 어려움을 느낀다.

그런데 요즘은 나 자신을 돌아보게 된다. 실제로 나눔을 실천하면서 살면 왠지 기분이 좋아진다. 지역사회 독거노인들과 소년소녀 가장들을 위해 생활필수품 지원 등 봉사활동을 했던 적이 있었다. 소외된 계층에 있는 사람들을 도와주면서 함께 어우러져 살아야 됨을 느꼈다. 소중한 시간이었다. 작은 손길 하나하나가 모여 큰 힘이 된다는 것과 봉사활동 경험이 남을 배려할 줄 아는 인성을 갖게 만든다는 것을 알았다. 사소한 것에 불만을 가졌던 내 자신이 부끄러워지면서 성숙해지는 계기가 되었다.

우리 모두 작은 나눔이라도 실천할 기회를 만들어 주변에 행복 바이러스가 충만하길 희망해본다.

●● 예의 – 지금은 예의禮儀가 밥 먹여주는 시대다

퇴근 때 지하철은 무척 붐빈다. 하필 그렇게 복잡할 때 젖먹이 아이를 안고 아이용품으로 보이는 큰 가방을 들고 한 아이 엄마가 지하철에 올랐다. 아이 엄마는 전철 안이 너무 복잡해서인지 출구 쪽에 자리를 잡고 서서 역마다 내리고 타는 사람들에게 이리 치이고 저리 치이며 시달리고 있었다. 옆에 서서 지켜보는 내가 다 힘들었다. 속으로는 몇 번이고 바로 앞에 이어폰을 꼽고 스마트폰으로 드라마를 보고 앉아 있는 젊은 아가씨에게 자리를 좀 양보하라고 말하고 싶었지만 용기가 나지 않았다. 시간이 지나자 사람들이 많이 내렸다. 이제는 여유 공간이 생겨서 앉아 있는 사람들이 아이 엄마를 볼 수 있는 상태가 되었다. 그런데도 자리를 양보하는 사람은 없었다. 내가 내리기 한 정거장 전에 도착해서야 비로소 내 앞 손님이 내려서 그 자리에 아이 엄마가 편안하게 앉아 갈 수 있도록 배려할 수 있었다.

이것이 우리가 살아가고 있는 모습이다. 자리를 양보하지 않은 사람을 꾸짖거나 탓할 상황은 아니다. 우리는 그렇게 가르치고, 그렇게 배워서 그렇게 알고, 이 시대의 문화를 만들어 자연스럽게 살고 있을 뿐이다. 예의禮儀는 그 사회문화의 가치를 드러내는 꽃이다. 따라서 예의를 알려면 그 사회에서 추구하는 가치문화를 알아야 한다.

지금은 사라져가고 있지만 과거에 촌지문화가 성행한 적이 있었다. 초등학교에 자녀를 입학시키면 부모들은 촌지를 주어야 한다는 쪽과 주지 말아야 한다는 쪽. 사랑의 매는 필요하다는 입장과 그것은 인권적 측면에서 폭력으로 규정해야 한다는 입장. 치매에 걸린 부모는 자식이 모셔야 한다는 쪽과 요양시설에 맡겨도 된다는 쪽으로 팽팽하게 맞선다.

우리 사회가 추구하는 가치문화는 개별주의다. 개별주의는 가치판단의 기준이 개인에게 있다. 따라서 상호관계라고는 하지만 엄밀하게 말하면 타인에게 직접적인 피해를 주지 않는 한 개인의 판단은 존중된다. 촌지를 허용하는 입장은 촌지는 자기 자녀에게 관심을 더 주라는 부모의 마음이다. 반대 입장에서 보면 자기 자녀만을 더 잘 봐달라는 의도이기 때문에 청탁성 뇌물이다. 체벌과 부모 모시기도 개별적인 관점에서 들여다보면 양쪽 모두 맞는 말이다.

우리 사회에서 예의를 정의하기 어려운 까닭이 여기에 있다. 개인윤

리와 사회윤리 그리고 전통의 가치와 현대의 가치 사이에서 어느 기준에 맞추어 판단을 내리고 행동을 해야 할지 헷갈린다. 엄밀히 말하면 우리 사회는 예의가 없는 것이 아니라 너무 다양한 형태로 드러나고 있는 것이 문제이다.

예의는 시대에 맞게 재창조되어야 한다. 21세기 글로벌시대에 맞는 세련된 문화양식이 필요하다. 그러기 위해서는 올바른 가치관의 정립이 선행되어야 한다. 예의는 사회구성원으로서 원만한 공동체 생활을 하기 위한 자발적 행위이다. 그래서 책임 또한 자기 자신에게 있다. 욕설은 타인에게 피해를 주지만 자신에게 더 큰 피해를 끼친다. 부정심리의 독이 쌓이고 쌓여 자신의 품위를 스스로 떨어뜨리기 때문이다. 반대로 고운 말을 쓰는 사람은 속이 깊고 맑은 사람으로 신뢰를 얻을 수 있다. 인사를 잘하는 사람은 기본적으로 소통의 능력이 있는 사람으로 인정받는다. 양보를 잘 하는 사람은 세상을 넓게 보는 사람으로 인정받는다.

온고지신溫故知新은 세련된 예의문화를 만들기 위해서 피나는 노력을 하라는 이야기다. 그동안 우리 사회는 경쟁과 경제에 투자하느라 예의문화는 등한한 게 사실이다. 과거에는 '예의가 밥 먹여주느냐' 며 비웃었지만 미래는 다르다. 이제는 예의가 경제다. 대한민국은 교육과 문화 그리고 관광으로 경제의 축이 옮겨지고 있기 때문이다. 한류의 배에 가장 한국적인 글로벌예의지국의 돛을 달고 오대양 육대주를 달리는 그날을 꿈꾸어본다.

■ 가치 덕목 : 예의

>> 1단계 견見 – 예의에 대해서 살피는 봄뚜기 단계

1. 자신과의 관계에서 예의 살피기

2. 부모형제와의 관계에서 예의 살피기

3. 친구(동료)와의 관계에서 예의 살피기

4. 이웃과의 관계에서 예의 살피기

5. 학교(직장)에서 예의 살피기

6. 사회·국가와의 관계에서 예의 살피기

>> 2단계 학學 – 예의에 대하여 깨닫는 알뜨기 단계

1. 예의에 대한 명언 필사하고 낭독하기

2. 영화, 책, 그림 등 예의를 공감할 수 있는 자료 소개하기

3. 예의가 왜 중요한지 목적 소개하기

4. 당장 실천할 예의 계획 세우기

>> 3단계 습(習) – 예의에 대하여 익히는 흥뚜기 단계

1. 예의 의지 – 좋다, 싫다 선택하기

2. 예의 의지 - 낫다, 못하다 선택하기

3. 예의 의지 - 옳다, 그르다 선택하기

>> 4단계 통通 - 예의에 대하여 대화 나누는 한뚜기 단계

1. 대화 일시 및 장소

2012년 5월 4일 오전 10시, 아파트 엘리베이터 앞

2. 이야기를 나눈 사람

위층에 사는 건우엄마

3. 주요 대화 내용

건우엄마는 건우동생이 6살 여자아이인데 밤11시 넘어서까지 의자를 드르륵거리며 끌고 다녀 소음을 내고 있어서 죄송하다는 이야기를 했다. 나는 아이를 키우면서 그럴 수 있다는 이야기를 했고, 밤늦게는 소리가 더 크게 들리고 울리니까 주의해줄 것을 부탁했다. 건우엄마는 죄송한 마음을 가지고 있다며 앞으로 더 주

의를 주겠다고 했다.

4. 이야기를 나눈 소감

직접 위층 엄마와 대화를 나눠 보니 말투와 태도에서 미안한 마음을 가지고 있었다. 그래서 소음 문제로 가득 차 있던 스트레스가 조금은 풀어졌다. 그리고 대화를 나누기 전보다 아이들 상황을 알 수 있어서 이해가 되기도 했다. 아이가 어려 아직 잘 통제가 안 되고 있어서 건우엄마가 속상해하는 것을 알 수 있었다.

>> 5단계 성誠 - 예의를 일상생활에서 실현하는 꿈뚜기 단계

1. 가정에서 예의를 어떻게 실행하는지 이야기해보자.

2. 학교에서 예의를 어떻게 실행하는지 이야기해보자.

3. 직장에서 예의를 어떻게 실행하는지 이야기해보자.

4. 이웃(사회)과 마주할 때 예의를 어떻게 실행하는지 이야기해보자.

5. 국가와 마주할 때 예의를 어떻게 실행하는지 이야기해보자.

6. 인류와 마주할 때 예의를 어떻게 실행하는지 이야기해보자.

예의는 서로를 존중하는 마음에서 생긴다. 서로를 존중하지 않게 되면 무시하게 되고 막말을 하면서 감정이 상하게 된다. 며칠 전에 친구 시부모님의 사는 얘기를 들었는데, 부부간의 예의는 찾아볼 수가 없다는 것이다. 식사도 각자 하고 세탁도 따로따로, 가고 싶은 곳이 있으면 말없이 외출을 하고 상대방을 무시하는 행동과 말을 서슴지 않게 한다고 한다. 부부간에 예의가 없다 보니 화목한 가정을 기대하기 힘들다는 것이다.

조금씩 양보하고 배려하는 마음을 가지고 예의를 갖춰 존중하다 보면 부부관계가 개선될 것이다. 건강한 가정에서 자녀들은 예의를 배우고 익힌다. 상대에 대한 배려니 예의범절 등은 하루아침에 봄에 익혀지는 것이 아니다. 평소 가정교육을 통하여 자연스럽게 몸에 익히게 된다. 사회 규범에 어긋나지 않는 올바른 행동, 바르고 고운 말과 밝은 미소로 사람들과 관계를 맺으며 살아가야 할 것이다.

● ● 포용 – 크다는 것은 사람다움의 가치가 고상하다는 뜻이다

사람의 그릇은 스스로 만든다지만 주위환경을 무시할 수는 없는 듯하다. 섬에서 태어나 그곳에서 성장한 사람들은 대개 육지로 나와서 살기를 꿈꾼다고 한다. 좁은 공간에 갇혀 있다는 생각에서 벗어나고 싶은 욕구일 것이다. 결혼을 하고 가정을 꾸려나가는 사람들을 관찰해보아도 주위환경이 자기그릇을 만드는 데 어떤 영향을 끼치는지 알 수 있다. 가령 나이가 비슷한 여성들인데 솔로인 사람, 아이가 없는 사람, 아이가 한 명 있는 사람, 아이가 둘 있는 사람, 아이가 셋 이상 있는 사람의 경우를 비교해본다면 어떤 성향의 차이가 있을까?

대한민국은 역사적으로 늘 주변강대국들의 틈에서 살아남기 위해 긴장을 늦출 수가 없었다. 그래서 주변국들과 항상 소통하려고 노력하였다. 불교가 강세면 불교를 들여와 소통의 끈을 맺었고, 유교가 강세면 유교를 들여와 소통했으며 기독교가 강세면 기독교를 들여와 소통의 연을 맺었다. 그러다 보니 대한민국에는 지구촌에 있는 학문과 역사 그리고 종교와 문화를 모두 수용하는 특이한 강점이 형성되었다.

대한민국을 한 단어로 표현하라면 대개 '한'과 '정'을 많이 꼽는다.

크고 맑고 밝고 따뜻하다는 뜻으로 해석한다. 이 단어들의 공통점은 포용이다. 한국은 포용의 민족이다. 무엇이든 받아들이는 배포 큰 사람들이 모여 사는 너그러운 곳이다. 그래서 예로부터 큰 것을 좋아한다. 큰 사상을 좋아하고, 큰 나라를 좋아하고, 큰 회사를 좋아하고, 큰 학교를 좋아하고, 큰 집을 좋아하고, 큰 차를 좋아한다. 여기서 큰 것은 작은 것의 차별적 개념과는 다르다. '한'은 작은 개체와 큰 전체를 동시에 부르는 개념이기 때문이다. 즉, 여기서 크다는 것은 사람다움의 가치가 고상하다는 뜻이다.

무엇이든 받아들인다고 해서 배알이 없는 것은 아니다. 한국을 대표하는 음식이 그것을 대변해준다. 비빔밥, 잡채, 김치찌개, 육개장, 불고기 등 대표음식들의 공통된 특징은 무엇인가? 그것은 다양한 재료들을 섞어서 만든다는 점이다. 다양하게 섞었지만 독특한 고유의 맛을 내는 것이 우리 음식의 강점이다. 불교를 들여왔지만 다양한 사상과 어울려서 더 세련된 불교를 창출해내고 있지 않은가. 유교, 도교, 기독교 등도 마찬가지다.

세계는 지금 한국에 주목하고 있다. 아니 한국을 연구하기 시작했다. 5천년의 역사 속에서 이어온 질기고 귀한 '한'과 '정'의 실체를 배우기 위해서다. 이제 우리는 그들에게 무엇을 어떻게 가르칠 것인지 준비해야 한다. 그동안 대한민국이 받은 인류의 문화유산을 이 땅에서 종합하고 디자인하여 21세기 글로벌시대를 살아갈 방향을 제시할 차례가 온 것이다. 이것이 그동안 인류에게서 어려울 때 도움 받았던 것을 되돌려주는 은혜의 보답이다.

■ 가치 덕목 : 포용

>> 1단계 견見 - 포용에 대해서 살피는 봄뚜기 단계

1. 자신과의 관계에서 포용 살피기

2. 부모형제와의 관계에서 포용 살피기

3. 친구(동료)와의 관계에서 포용 살피기

4. 이웃과의 관계에서 포용 살피기

5. 학교(직장)에서 포용 살피기

6. 사회 · 국가와의 관계에서 포용 살피기

>> 2단계 학學 – 포용에 대하여 깨닫는 알뚜기 단계

1. 포용에 대한 명언 필사하고 낭독하기

2. 영화, 책, 그림 등 포용을 공감할 수 있는 자료 소개하기

3. 포용이 왜 중요한지 목적 소개하기

4. 당장 실천할 포용 계획 세우기

>> 3단계 습習 - 포용에 대하여 익히는 흥뚜기 단계

1. 포용 의지 - 좋다, 싫다 선택하기

2. 포용 의지 – 낫다, 못하다 선택하기

3. 포용 의지 – 옳다 ,그르다 선택하기

 4단계 통通 – 포용에 대하여 대화 나누는 한(하나)뚜기 단계

1. 대화 일시 및 장소

2. 이야기를 나눈 사람

214

3. 주요 대화 내용

4. 이야기를 나눈 소감

>> 5단계 성誠 – 포용을 일상생활에서 실현하는 꿈뚜기 단계

1. **가정에서 포용을 어떻게 실행하는지 이야기해보자.**

   부모로서 자녀들의 서로 다른 성향이나 성격을 두고 좋고 나쁨이나, 옳고 그름으로 차별하지 않는다. 아울러 자녀들의 서로 다른 성향이 상승효과를 일으킬 수 있도록 넓은 마음으로 받아들이고 지혜롭게 해결하는 자세를 취하고 있다.

2. **학교에서 포용을 어떻게 실행하는지 이야기해보자.**

   여러 선생님들의 수업방식이 내 마음에 들지 않는다고 흉을 보거나 불만을 갖지 않으려고 애쓴다. 각자의 개성이 다르듯 선생님들 역시 다양한 교수법이 존재하는 것이 당연하다. 오히려 다양한 방식의 강의를 듣다 보니 여러 가지 자세와 마음가짐을 배우게 되어 사회생활에도 많은 도움이 된다.

3. 직장에서 포용을 어떻게 실행하는지 이야기해보자.

회의시간에 의견을 내다 보면 같은 사안을 다르게 해석해서 전혀 엉뚱한 해결책을 내는 동료가 있다. 이런 상황에 접하게 되면 '어쩜 이렇게 생각이 다를까?' 하며 같이 일하기 힘들다는 생각을 했었다.

하지만 지금은 서로 다른 관점에서 바라보는 여러 각도의 유연한 사고가 훨씬 창의적이고 풍부한 결과물을 만들어 낼 것이라는 생각으로 마음을 바꿔 회의시간에 적극적으로 참여하고 있다.

4. 이웃(사회)과 마주할 때 포용을 어떻게 실행하는지 이야기해보자.

나와 다른 정당이나 대선주자를 지지하는 이의 선택이나 의견에 반감을 갖지 않는다. 내가 나의 주관적인 판단에 의해 자유로운 선택을 하듯 상대방도 얼마든지 다양한 선택을 할 수 있기 때문이다.

5. 국가와 마주할 때 포용을 어떻게 실행하는지 이야기해보자.

국가에서 시행하는 복지정책이 나의 여건에 아무런 도움이 되지 않는다며 불만을 갖거나 하지 않을 것이다. 내가 낸 세금으로 나보다 더 힘든 상황에 처한 사람들에게 혜택을 줌으로써 우리나라가 발전하는 데 일조를 한다고 생각하는 넓은 아량이 생겼기 때문이다.

6. 인류와 마주할 때 포용을 어떻게 실행하는지 이야기해보자.

일본이 대지진 쓰나미로 초토화되었을 때, 일본 돕기 복구지원 성금을 냈다. 과거사와 독도 영토분쟁을 생각하면 얄밉기도 하지만, 같은 인류라는 마음으로 포용하기로 했다. 매사에 그러한 마음가짐으로 지구촌의 다양한 문제를 바라보려 노력할 것이다.

나에겐 조선족 친구가 있다. 10년 전쯤 내가 컴퓨터학원 강사로 있을 때 우리 학원에 컴퓨터를 배우러 온 수강생이었다. 당시 조선족 친구는 한국 남자와 결혼하러 온 지 얼마 되지 않은 때라 모든 것을 낯설어 하고 힘들어했다. 마음속 이야기를 나눌 친구가 한 명도 없고, 서울 지리도 잘 몰라 거의 외출을 하지 않는 그녀에게 난 컴퓨터 강사보다는 마음 편한 친구가 되어주고 싶었다. 결혼식 때 입을 예복을 같이 고르러 다니고 단 한 명의 친구로 결혼사진에도 얼굴을 내밀었다.

그녀는 이제 7살이 된 아들을 키우고 있는데 가끔 만나서 육아 정보도 알려주고 안부도 묻는 친구가 되었다.

또 작년에는 외국인주부를 대상으로 다문화강사를 양성하는 교육과정에 참가하여 몽골인 친구를 사귀게 되었다. 강의를 듣는 내내 난 몽골인 친구가 잘 할 수 있도록 신경을 써주었다. 지금 그녀는 다문화강사로 여기저기 강의를 다니느라 바쁘게 지내고 있어서 보람을 느낀다.

이처럼 다문화 친구들을 만나면서 그들에게 뭔가 도움이 되고 싶었던 이유는 그들이 타국에 와서 얼마나 외롭고 힘들까 하는 마음을 진심으로 느꼈기 때문이 아닐까 생각한다. 이러한 포용에 그들은 가끔씩 고맙다는 말 한마디, 문자 한 줄로 내게 큰 기쁨을 돌려주고 있다.

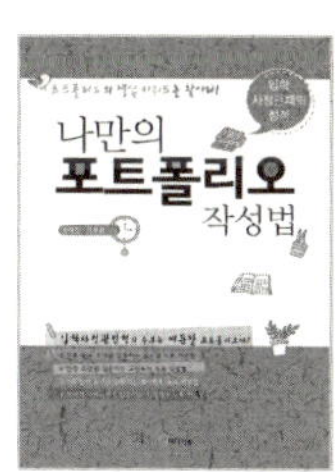

입학사정관제의 정석

나만의 포트폴리오 작성법

입학사정관 핵심 평가요소인 포트폴리오 구성법을 워크지와 함께 80여 명의 합격생 비전 스토리를 소개함으로써 스스로 나만의 차별화된 포트폴리오를 작성하도록 돕는 안내서이다.

저자 송태인 · 이호경 | 신국판 | 값15,000원

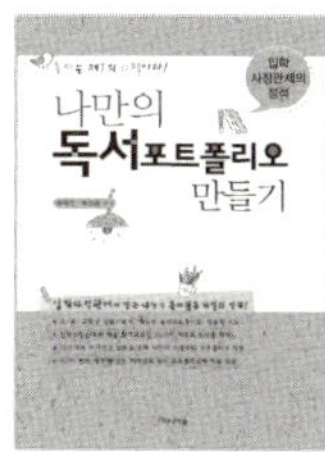

입학사정관제의 정석

나만의 독서 포트폴리오 만들기

창의적 체험활동 평가지표의 근거,
입학사정관제에 필요한 10개의 핵심 키워드를 독서활동을 통해 스스로 준비하도록 돕는 안내서이다.

저자 송태인 · 이성금 | 값15,000원

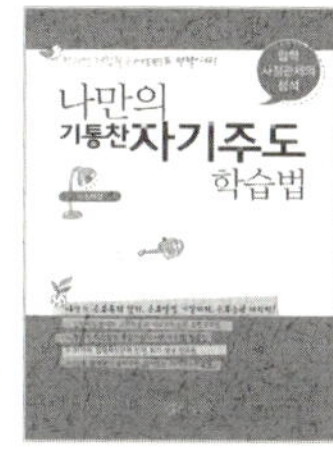

입학사정관제의 정석

나만의 기통찬 자기주도학습법

31명의 나만의 자기주도학습법
합격생 수기와 31가지 입학사정관제 인재 되기 멘토링이 실려 있다.

저자 송태인 | 신국판 | 값15,000원

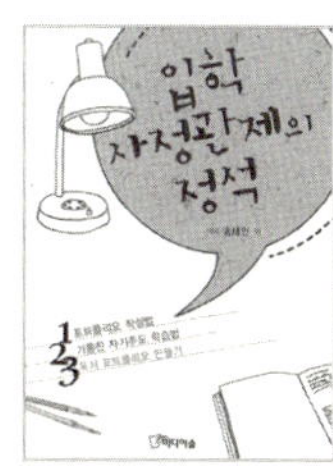

입학사정관제의 정석 전3권 세트

입학사정관제 전문 멘토링 경험이 풍부한 저자가 경험하고 적용한 사례를 중심으로 저술했다. 학생, 교사는 물론, 학부모에게 실질적 도움을 안겨준다.

저자 송태인 외 | 신국판 | 값36,000원

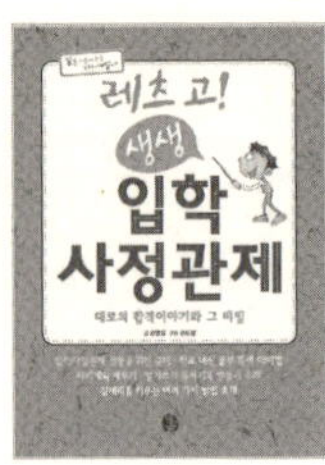

꿈을 이루어 주는 자기계발서

레츠 고! 생생, 입학사정관제

스토리텔링 형식으로 '입학사정관제도'를 가장 알기 쉽게 설명한 책이다. 나대로의 이야기를 통해 누구나 부담없이 술술 읽고, 자연스럽게 입학사정관제에 대해 이해할 수 있다.

글 손영길 | 그림 손도영 | 신국판 | 값 14,000원

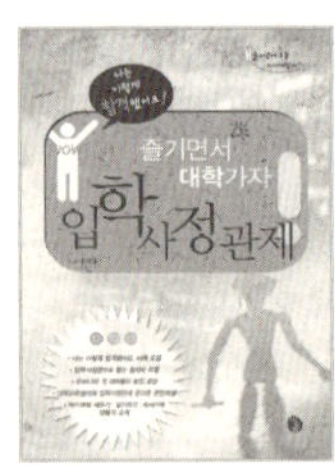

꿈을 이루어 주는 자기계발서

즐기면서 대학가자! 입학사정관제

정확한 개인특성 확인, 특성에 맞는 꾸준한 활동, 내신성적관리, 기타 비교과 학생부관리, 자신의 활동성과를 정확히 드러낼 수 있는 능력 등이 입학사정관제 전형에서 요구되는 중요한 요소이다. 이 책에서는 이런 것들을 확실히 준비할 수 있도록 돕는다.

글 손영길 | 신국판 | 값 15,000원

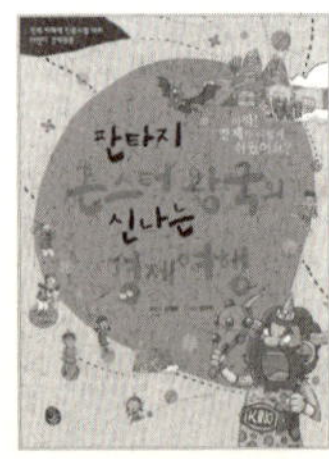

경제 경시 · 경제 이해력 인증시험 대비, 십대의 경제원론

판타지 혼스터 왕국의 신나는 경제여행

현실 경제를 어린이 눈높이로 생생하게 풀어 쓴 경제 이야기이다. 전문가도 인정하는 쉽고 깊이 있는 내용으로 어린이와 부모가 함께 읽는 가족 경제동화이다.

글 손영길 | 그림 김미연 | 4 · 6배판 | 값 10,000원